学校事務クロニクル

事務職員の過去・現在・未来

中村 文夫 ［著］

G学事出版

　学校は実にたくさんの職種の人たちで成り立ってきた。「チーム学校」が
叫ばれた近年、さらにさまざまな学校職員が新たに生まれた。現在、国の法
令で職名と職務内容が定められているだけで21の職がある。その中には、日
本にしかいない職種がある。学校事務職員もその一つだ。

　戦後に生まれたと思われていた学校事務職員は、実は明治になって近代的
な学校制度が始まった初期に、学校に存在していた。このことの発見から、
学校事務職員に焦点を当てて、学校の運営や財政にも言及しながらその移り
変わりを、それぞれの時代ごとに考えたのが、編年体の本書である。

　学校事務職員は法律的には単に「事務職員」である。学校にいる事務職員
の仕事の範囲や任用のあり方も、時代によって移り変わってきた。また、公
立学校の設置者は地方自治体であり、教員も学校事務職員も、そして、多く
の職種も地方公務員である。フランスやイタリアのように国家公務員ではな
い。したがって、いまでも学校事務職員の置かれた状況は地域的にも相違し
ている。地域の子どもたちが学ぶ学校に勤めるのであるから、それは当然の
ことであり、大切な財産でもある。時代時代の要請に対して、地域と一体と
なって運営されてきた学校は、けっこう柔軟な組織である。

　個人・家庭の願い、地域の思い、国家の考え方という３つの要素が入り混
じっている近代公教育を実施するのは、学校であった。学校という場によっ
て集団的に行うことは、並大抵なことではない。学校教育を支える財源は、
長きにわたって国からの財政支出とともに、地域の財源や保護者の私的負担
で賄ってきた。地方の実情に沿って、柔軟な対応がとれなければ、円滑な運
営はできるはずもない。もちろん、地域の学校といっても、貧富格差がある
以上は、公教育への願いは一色の意見ではない。地域の思いをまとめ上げる
ための、さまざまな試みも行われてきた。公選制の教育委員会や学校運営の
ための地域の各種会議（学校運営協議会など）である。地域の願いと教員を
はじめとする学校職員の気持ちとが必ずしも一致しているとは限らない。ま
た、学校内でも職種ごとの職業倫理も相違する中で、協働するには大変な努

力が必要である。意見の相違は民主主義にとっては必須である。だから、それぞれの考え方を調整しながら形あるものにしていくための合意形成は重要である。学校事務職員の名もなき先輩たちも、この中で努力を重ねてきたのである。学校事務という職業も、制度ではなく人がつないできたものである。この渦中に38年間、身を置いてきた私は、本書を書くにあたって、なるべく客観的な事実とその背景とを資料、データに基づいて明らかにするように心掛けた。いまだけ見ていて、歴史を学ばなければ明日への知恵は浮かばない。

　高度経済成長が終わり、21世紀になると、地域や保護者間の経済格差は拡大の一途をたどり、現在は7人に1人まで「子どもの貧困」が及んでいる。また少子化・過疎化が激しい地域では学校統廃合が進められ、学校空白地域が拡大している。その地域の普通学校に障害を持つ子どもも一緒に学ぶインクルーシブ教育は当然として広がり、さらに外国籍・外国にルーツを持つ児童生徒も加わってきた。公教育への要望は多様になり、手厚い対応をとるための人員、財政も不足がちになっている。その中で学校事務職員は学校の環境設備に力を注いでいる。

　時あたかも、新型コロナウイルスの世界的な感染拡大の中で、首相の突然の「学校一斉休校」要請で、さまざまな悪影響が生じた。学校に行かなくて済む遠隔（オンライン）教育も注目されている。グローバル人材育成は、教育のICT化によって個人の資質能力に最適化した学びを実現することで、可能だとする国の意向もある。21世紀の学校はどうなるのか。バーチャルなネット上のオンライン学校が主流になるとの推測さえできる。他方では、このウイルスの爆発的な流行も、急速なグローバル化によってもたらされたものであることも確かである。人類の歴史はウイルスとの共存の歴史ともいわれる。安全で安心な学校を目指すためには、子どもの足で通える距離に小さな学校が存在し続けることが、必要であるとも考えられる。そして、小さなコミュニティで、小さな幸せを大切にする普通の人々を育むことが大切だ。

　困難な21世紀の学校、そして学校事務職員はこれからどこに行くのか。最後に学校事務職員の職務を4領域に分けて提言した。あわせて、『学校財政』（学事出版、2013年）も読んでいただけたら幸いである。

4

第3章　学校事務職員（第2期）の出発（1940～1955年）

第5章 学校事務職員の変質 新自由主義的展開 ⋯⋯⋯⋯⋯⋯⋯⋯ 141

世界に類をみない
学校事務職員の
過去、現在、未来

第1章

<table>
<tr><td>第**1**節</td><td></td></tr>
</table>

学校事務職員の過去と現在

◆学校事務職員制度の始まり ||||||||||||||||||||||||||||||||||||||

　国民教育のための近代的な学校制度が始まり150年。学校の運営に必須な存在として学校事務職員が本格的に配置されて、すでに70年。戦後公教育制度の一翼を担ってきた。これまでの常識にとらわれず、その意義を評価する視点を提示したい。学校事務職員の歴史を過去から未来にわたって一体的にとらえることで、存在意義を再確認する。義務制小中学校の学校事務職員の歴史をみることを通して、近代公教育の発展と変質を照射したい。必要に応じて高校にも触れる。

　戦後、学校事務領域は時代や地域の要請に柔軟に応じながら、拡充してきた。その過程では、小中高校5万人程度の少数職種の深い泣き笑いが詰まっている。いま掘り返さないと、学校事務の記憶が消えていく。現在の問題意識によって過去からの連続と断絶を理解し、将来に向けた学校事務職員の必要性を模索する。表記については、学校事務職員を使用し、文脈によっては、事務職員とする。

　教育を論じることは、国家を論じることである、といわれる。論じるにあたっては、教育を享受する個人のあり方をもう一方に置くことができる。学校事務職員を論じることも、同じことがいえる。加えて、もう一つの軸を立てて、語る必要を覚える。それは、地域、つまり地域共同体あるいはコミュニティといわれる視点である。この3つの視点から教育機会の平等を実現する地域教育行財政、校内での協働における学校事務職員のあり方を歴史的に検証していきたい。

　戦前には、学校事務職員に相当する人たちは、まったくいなかったのか。そこがまず、問題意識が始まったところである。戦前、義務教育ではなかった旧制中学校に「書記」がいたことを知る程度ではないか。だが、実は日本の教育黎明期にも、義務制の学校に学校事務職員に当たる人々が約20年間にわたって存在していたのである。近代的な公教育の始まりを告げる学制期に

は、当時の中学校区程度の広大な範囲に、学校の管理者として学区取締を設置した。学区取締は、1872年に太政官より頒布された日本最初の教育法令である学制に明記さている。学制に書かれていることで研究も行われている。だが、学校で具体的な教育行政事務を行った職員が、「学校事務掛」等の名称で広範に設置されていた事実はあまり知られていない。現在の学校事務職員も、自らの前史を知らない。

　学制期に続く教育令期には、アメリカの教育委員制度を日本に持ち込んだ先駆的な学務委員が設置された。ここでも学務委員のもとに学校の学校事務を担う存在が確認できる。その後、学務委員は形骸化しながら戦前にはほぼ一貫して存在していた。

　この時期を、学校事務職員前史あるいは第1期学校事務職員ととらえる。この部分は第2章「学校事務職員前史（第1期学校事務職員）」で扱う。

　戦後、学校教育法に明記されることで、本格的な学校事務職員制度が始まる。

　戦後教育改革の中で学校教育法に明記された学校事務職員であるが、その出生も謎に包まれている。このことは第3章「学校事務職員（第2期）の出発」で扱う。第1期の経緯を反省して、学校に教育行政の専門職員がいる良さを再認識していきたい。

　地域との密接な関係で成り立ってきた日本の学校の特性は、遅れて始まった近代国家からの国民形成の要請と、それ以前から主として農耕を介して存在してきた地域共同体に必要な学びの要求との関係によって生じている。民意を尊重しなければ、学校は財政的にも、運営的にも成り立たない。集権的な教育行政事務は困難であるにもかかわらず、それを行おうとして、不断に財政的な枯渇に悩まされてきたのが日本の学校である。

◆現在の形態は永遠ではない ||||||||||||||||||||||||||||||||||||

　現在、学校に学校事務職員がいるのは当然である。しかしそこに安んじてよいのだろうか。一つとして存在形態が永遠なものはない。それなら学校事務職員の存在価値を高めて、将来への展望を拓く試みが重要であろう。

　戦後、学校教育法に明記されることで出発し、義務教育費国庫負担制度と

11

義務標準法の適用によって定着してきた第2期の学校事務職員。しかも、学校教育法には事務に「従事する」と当初は記されたが、「つかさどる」へと変更されて今日に至っている。しかし、なぜ学校事務職員が戦後間もなくから設置されたのかについて、断片的な思い出話や情報から紡ぎ出された見解が多く、いまだ定説はない。

　そして、定着する過程でも教職員制度が次々に変わり、学校事務職員の業務内容や任用等も有為転変を重ねてきた。その都度に少数職種として学校事務職員は右往左往してきた。今日、学校事務の共同実施が拡大し、共同学校事務室が進められている。学校事務職員がたびたび学校を離れられることは、現状の役割分担で担当している学校事務領域では必ずしも学校に在勤していなくても遂行できることを、証明していることでもある。

　義務教育費国庫負担制度の対象である「都道府県費」学校事務職員とともに学校を支えてきた市区町村費学校事務職員は一時、行政合理化によって極端に人員を減らしたが、再び文部科学省のスクールサポートスタッフ配置推進計画等によって拡大しつつある。このことをどのようにとらえたらよいのか。

　そもそも勤務している足元の公立学校（公設公営学校）は安泰なのか。危機の一つ目は、すでに、日本は人口減少が甚だしく児童生徒数の減により学校が統廃合されている地域が拡大していることである。小規模化し学校事務職員が配置されない、あるいは学校が地域から消滅して学校事務職員の職場自体がなくなっている。学校事務の共同実施は、この未配置校への兼務などの対応策でもある。

　また、危機の二つ目として、高校では教育機会の平等を実現する有意義な通信制高校が、新たな教育需要に応えて勢いを増している教育現象である。通信制学校は、毎日通学することが前提ではない学校である。その中でも株式会社立等の広域通信制高校が拡大している。高校生の20人に1人は通信制高校生である。その学校の一つでは事務系スタッフの自宅勤務も計画されている。学校複線化（教育機会の多様化）の果てに、子どもはホーム・スクール（オンラインの遠隔自宅教育）、学校職員はテレワーク（情報通信活用の自宅勤務）となることも、いまや想定内となっている。現実のリアルな学校

がなくても、バーチャルな学校で新たな時代の人材育成はできるかもしれない。「個別最適化された学び」は、このような学校において自己責任で効率的に行われるとされる。

　現在、少子・過疎化により学校は、地域から消滅するなど、岐路に立っている。学校が消滅した地域での受け皿として、通信制学校に代えることは検証段階に入っている。形態としての通信制学校は、高校に限る理由はないのである。

　危機の三つ目として、アメリカやイギリスで盛んな公設民営学校も日本の一部地域で始まり、必ずしも公立学校でも公務員学校事務職員が必要とは限らなくなる。すでに、学校職場は非正規公務員や民間委託・派遣職員の占める割合が増加している。多くの業務がすでに、外部化、委託化されている。丸ごと民営化されることを待つ段階なのだ。

　三つの危機があるにもかかわらず、新たな可能性の方策はある。それは学校の多機能化・複合機能化である。学制頒布以前に京都では番組小学校が地域独自で創設・維持された。いわば地域立学校である番組小学校は、地域の包括的公共施設としての小学校である。身近な人々の生活を大切にする、ここに、未来に通じるヒントがある。そこに学校事務職員の未来の仕事もある。そのためには学校事務領域の再編成が必要である。

　学校事務の業務の変遷を考えてみよう。給与、旅費、共済などに関わるいわゆる総務事務、あるいは学校予算の執行という学校財政事務をとってみても学校内で完結する業務はほぼないといえる。教育福祉の一つである就学援助事務もしかりである。都道府県教育委員会、市区町村教育委員会事務局との一連の流れの中での業務が、事務量として大きなウエイトを占めている。学校事務領域は、地方教育委員会事務局も入れた教育行政事務全体のつまり「教育事務」の一環としてとらえることが可能である。学校事務領域も、学校機能の転換に応じた転換が求められている。ところで、21世紀になって顕在化している転換の背景にあるものはなにか。一つ一つ転換の中身とその背景を探る必要がある。

　この間、教育委員会制度も大幅な変更が続いている。行政委員会としての意義、存続も問われている。地方にしかない特殊な行政制度である教育委員

会制度は、現状のままの存続が望ましいのかどうか。私立学校は一般首長部局が管轄しているが、多様な設置形態が進む公立学校も、一般首長部局が管轄する事態もあるだろう。

　共同学校事務室も、行政組織としての位置は自明のことではなく、学校事務職員が学校にいる意味と価値とが再度問われている。中間的な教育行政組織は、はたして今後も必要性があるのか、という疑問もわく。教育委員会と学校運営協議会とを一体的なものと見なす発想が必要である。そこで重要なのは、正統性である。

　55年体制後からの学校事務の確立・発展を、第 4 章「学校事務職員の確立と転換（20世紀後半）」において、 4 つに分けて扱う。21世紀になり新自由主義的な教育政策が拡大する中での学校事務職員の様相については、第 5 章「学校事務職員の変質　新自由主義的展開」で扱う。

学校事務職員、その未来

◆学校事務職員が学校に付加価値を与えられるために ‖‖‖‖‖‖

　世界的に類をみない制度である学校事務職員制度。諸外国では、近年、学校に教育委員会・教育行政機能を転移し、これまで国の教育機関と学校とを結ぶ調整と分配機能を果たしてきた中間的な地方教育行政組織を廃止ないし縮小する傾向もみられる。その結果、機能拡大、事務量増大に応じて増加する多様な学校職員の中に学校事務職員に当たる職種も含まれることが見受けられる。制度は相違するが韓国にも学校事務職員が存在する。

　国民教育を主導してきた国の教育機関である文部科学省自体もその役割を変えつつある。国民教育（戦前臣民、戦後民主的国民）から、偉才・異能のグローバル人材育成へ転換しつつある21世紀。国家的な教育要請が変容している。国家と個人という２つの関係要素だけでは、新自由主義が跋扈する昨今、個人の才能に着目した学びの最適化方策しか出てこない。それでは普通教育として全体的な底上げは二次的になる。身近な人々と普通のつながりがつくれなくて、どうして見知らぬ人とつながることができるのだろうか。

　地域共同・コミュニティ（村落共同体から地方自治体まで）を加えた３つの関係要素から、普通教育の意義を再評価し、後期近代における公教育、学校と、その中にいる学校事務職員の存在をとらえる。学校にいる事務職員であるからこそ「できた／できること」がある。逆に「しなかったこと／できなかったこと」もたくさんある。学校事務職員が、学校にどのような付加価値を与えてきたか、そして今後も与えることができるのかを検討する。

　付加価値の付与では、１つに、子どもは心身の状況、資質能力、そして生活する環境、貧富の差がある現実を踏まえて、教育機会の平等の実質化が求められている。「理念から現実へ」と導く学校事務は、地域にある学校を普段にともに学ぶ場にするための職種であると考えている。職務への視点として義務教育の無償化施策を大きな領域として提起する。自民党政権が現在進める消費増税２兆円による就学前、及び高等学校への教育無償化は、公教育

の基本である義務教育を中抜けにした政策である。義務教育の中心概念である教育機会の平等理念を、教育的変容に応じて国民教育の枠を脱却させ、日本に住むすべての人々に適用させるとともに、それを学校事務職員が担うあり方を、真剣に考えられなければならない。

　２つに、学校を、包括的地方公共施設へと機能を複合化させて、イギリスの労働党政権下で拡充したエクステンディッド・スクールあるいは札幌市立資生館小学校のように子どもの福祉施設など、子どもの教育・福祉すべてに関する施設として包括的機能化していくことも発展の方向性として考えたい。さらに、少子化で子どもの教育施設という短期の施設では経済的な合理性が少なくても、高齢者福祉施設、あるいは図書館などの社会教育施設などと、地域特性に応じた多機能化・複合化することで地域の教育文化・福祉の包括施設となる可能性がある。

　学校事務クロニクルとして編年体でとらえ返すことで、職種が成り立つ存在価値を考えていきたい。そこから、学校事務職員という眼からみた日本の教育行財政史の記述を目指すものでもある。

　学校事務職員も職務の領域を多機能・複合化することが必要との視点から、４領域に分けて学校事務の再構築を提案する。

　未来の学校、未来の学校事務職員について第6章で扱う。新自由主義的な教育観が蔓延する現在、もう一度日本列島に住む子どもたちがともに生きるための学校として再生していくことは極めて困難である。しかし、未来は人々の不断の努力でつくり出すものである。学校事務職員の主体的な努力で、制度も含めて変更が可能であることは言うまでもない。提言として「21世紀型学校事務領域」として、総務事務縮小、まちづくりと一体の学校、普遍主義の教育福祉、教育無償に向けた学校財政を打ち出す。

◆歴史の振り返りから踏み出す未来 ||||||||||||||||||||||||||||||

　教育をめぐる制度が大転換している21世紀にあって、現行教育制度を前提とした学校事務職員制度論は、時代を超えた理論立ては困難であり、「事務論」は賞味期限が短命な「時務論」的なものとなろう。以降、主に扱うのは学校事務の置かれたそれぞれの時代の社会、教育行政、学校と関連づけた学

校事務職員の歴史であって、理論の是非をことさらに追求するものではない。一つ時代が違えば、同じ風景はない。今からみれば明らかに誤謬であっても、当時は「改善」に汗をかいたのには、それなりの理由があったのであり、後付けの理論からする整理・評価にこだわりたくはない。現在の問題意識からとらえた、学校事務職員の歴史を振り返り、困難な未来に足を踏み出す後押しができればうれしい。

学校事務職員前史 第2章
（第1期学校事務職員）

年	教育	学校事務	国・地方自治
1869（M2）	2（月）. 府県施政順序に小学校設置奨励。7. 大学校官制		1. 版籍奉還。3. 東京遷都。5. 京都府「小学校規則」を定める
1870（M3）	3. 大学規則及び中小学規則制定（未実施）		9. 平民に姓の呼称を許可
1871（M4）	7. 文部省設置	9. 京都府、小学校入学、小学校費を諭達	4. 戸籍法（行政「区」導入）。7. 廃藩置県。11. 改置府県
1872（M5）	8. 学制頒布。9. 小学教則公布	8. 学区取締、第 1 期学校事務職員、受業料（月50銭、25銭）、委託金（府県ニ委託シ学区ヲ助クル）	4. 庄屋・大庄屋制度廃止、戸長、副戸長を置く。11. 太陽暦。11. 大区小区制導入
1873（M6）			1. 徴兵制。7. 地租改正条例公布（地代 3 ％）。12. 家禄奉還
1875（M8）	4. 府県に学務課設置		8. 小区再編
1877（M10）	5. 小学校布置制限		2. 西南の役
1878（M11）			7. 三新法（郡区町村編制法、府県会規則、地方税規則）
1879（M12）	9. 教育令	9. 公選学務委員	4. 琉球処分
1880（M13）	12. 改正教育令	12. 学務委員公選制廃止、扶助委託金廃止	4. 区町村会法、公選議員、支出・徴収方法議決権付与
1884（M17）	1. 中学校通則制定		松方デフレ政策により農村窮乏。10. 秩父事件。12. 甲申の変。町村費の項目指定
1885（M18）	8. 再改正教育令	8. 授業料徴収指示、学務委員廃止	
1886（M19）	4. 小、中、師範学校令	4. 授業料。寄付金及び区町村費補助	2. 各省官制（通則・文部省）

1888 (M21)			4. 市制町村制、法人格、市長以外の公選。明治の大合併（行政村創設、基礎自治体数1/5）。部落財産残存許容
1889 (M22)			2. 大日本帝国憲法発布
1890 (M23)	10. 地方学事通則。改正小学校令（小学校の事務は市町村への団体委任事務）、教育勅語	10. 学務委員復活（教育は国の事務）	5. 府県制、郡制公布（郡の業務は営造物管理、未就学児童の督励、徴兵事務）
1896 (M29)		3. 市町村立小学校教員年功加俸国庫補助法公布	
1899 (M32)	2. 中学校令改正	10. 小学校教育費国庫補助法公布。11. 教育基金令	6. 府県制、郡制改正。府県を法人、地方官制改正、道府県視学官・郡視学配置
1900 (M33)	8. 再改定小学校令	3. 市町村立小学校教育費国庫補助法公布。8. 義務教育授業料徴収せず	6. 北清事変
1902 (M35)		2. 教科書収賄事件	
1904 (M37)	4. 小学校国定教科書使用		2. 日露戦争
1911 (M44)			4. 市制、町村制改正。市町村法人の明確化
1913 (T2)			第1次護憲運動、大正デモクラシー
1914 (T3)			8. 対独宣戦布告、第1次世界大戦参戦
1915 (T4)			9. 工場法を施行
1917 (T6)	1. 公立学校官制、公立学校職員待遇官等等級令制定		10. ロシア革命
1918 (T7)		3. 市町村義務教育費国庫負担法公布	7〜9. 富山県で米騒動。シベリア出兵

1921（T10）		3. 市町村立小学校教員 俸給費国庫負担法制 定	5. 市制、町村制改正
1923（T12）	8. 盲学校及聾唖学校令		9. 関東大震災（復興小 学校）
1925（T14）	4. 陸軍現役将校学校配 属令		3. 治安維持法。普通選 挙法成立
1926（T15. S1）	5. 木崎村農民学校開始	6. 小学校令施行規則改 正による、市町村立 小学校校長、教員の 任命は府県知事	7. 郡役所廃止
1927（S2）			3. 昭和金融恐慌。5. 第 1 次山東出兵
1929（S4）		小学校教員、役場吏員 への俸給未払続出、五 加村の小作争議で同盟 休校	10. 暗黒の木曜日、昭 和恐慌、養蚕業打撃、 町村税・公課等滞納 率30%
1932（S7）		5. 校長奏任官待遇。 9. 市町村立小学校臨 時国庫補助法公布	1. 上海事件。5.5・15 事件、農村経済救済 運動。10. 経済厚生 計画助成規定（自力 更生）
1940（S15）		3. 義務教育費国庫負担 法（旧法）公布。 4. 学校給食奨励規定 制定	税制改正（所得税と法 人税の所得課税分を国 税に独占）、地方分与 税（道府県への還付税、 道府県・市町村への配 布税）。10. 大政翼賛会
1941（S16）	3. 国民学校令公布（義 務教育 8 年への延長、 就学義務の強化）		12. 太平洋戦争
1942（S17）	4. 国民学校初等以外の 授業は停止。7. 学童 疎開。8. 勤労動員		2. 食料管理法公布
1943（S18）	6. 学徒戦時動員体制確 立要綱		6. 府県制、市制、町村 制等改正。7. 東京都 制施行、学徒出陣

参考：文部省『学制百年史　資料』他

**第1期学校事務職員の登場と
学校財政**

◆番組小学校の出納 ||||||||||||||||||||||||||||||||||||||||||||||||||

　日本の教育制度の黎明期の約20年間には、学校事務職員の前史ともいえる
第1期の学校事務職員が存在していた。戦前には義務教育に学校事務職員は
いなかったとされてきた。いても例外的な設置であるとされた。また、学校
事務職員の先行的な実例を語るときは、義務教育ではない旧制中学校の「書
記」である。

　例えば、清原正義の『学校事務職員制度の研究』第1章には戦前の事例と
して書記が紹介されている[1]。

　1872年の学制は、日本で近代的な公教育制度を定めた太政官布告である。
まずはそれ以前のことから始めたい。全国的な近代公教育が始まる以前にも、
公設公営の地域立学校ともいえる学校が各地に生じていた。それは公立であ
り、私教育である寺子屋とは相違したものである。

　代表的なのが京都市の「番組小学校」である。東京遷都で空洞化した京都
の再建が、町々につくられた64の小学校に託されたのである。1869年に町衆
による竈銭と呼んだ強制的な一律の出資金（半年25銭）を原資にして、京都
市に番組小学校がつくられた。「学校運営にかかる経費の出納は町組（番
組）の年寄りが担当し、その総括は総年寄が行い、役人が関わることではな
い」[2]。江戸時代から続く住民自治の一つとして学校がつくられたのである。
したがって、京都の地場産業である西陣織の振興の視点から絵画が重んじら
れ、下村松園をはじめたくさんの日本画家を生み出した独自の教育内容はも
とより、その運営も自治自決である。

　当時訪れた福沢諭吉は『京都学校の記』において、アメリカの学区制度を
引き合いに出して、絶賛している。明治初期には、専任の自治体職員がいな
いのと同様に、専任の学校事務職員もまだ生まれていない。このような地域
の自治に基づく学校運営の延長線に、日本の近代公教育が花開けば、現在と
は相当違った様相となっていたはずである。

◆小学校 5 万校を計画した学制と社会の困惑 |||||||||||||||||||

　1869年に版籍奉還があり、1871年 4 月に住民を家族単位で把握する戸籍法（行政「区」）を導入、 7 月に廃藩置県、11月に改置府県、1872年 4 月に庄屋・大庄屋制度廃止、11月に大区小区制導入と続けざまに行政制度を刷新した。幕藩体制そのものだけではなく、それと対になっていた農村の自治組織（庄屋・大庄屋）を廃止し、戸籍を作る作業組織を介して人為的な区を強制的に設置した。文教行政では1869年にまず大学校を設置し、次に1871年に文部省を設置し、翌1872年 8 月に大学を頂点とする学制が布かれた[3]。その後も学校制度は、図表 2 - 1 「学校制度の変遷」に見られるように変遷を重ねてきた。

　人口の90％を占める農民の生活は依然として地域共同体にあって（市町村数、1874年では78,280、1889年では15,859、さらに1956年では3,953、2013年では1,719に激減[4]）、庄屋、組頭などの自治組織によって運営がされていた。もちろん役場などはなく、通常村役人の自宅（役宅）がその機能を果たしてきた。ところが、学校制度は明治政府の上からの統治制度同様にこの生活単位とは異なる単位をもって始められた。学制では文部省が「統フ」、全国 8 つの大学区、それを32の中学区に分け、中学区を210の小学区に区分して、53,760校の小学校をつくる計画を、学制として頒布した。中学校、小学校は官選府知事、県令が土地の実情に合わせて設定するというものであった。1873年には学制追加よって中学校約13万人、小学校約600人の人口基準が打ち出された。1875年に中央統制型（官治的）の管理をするために、府県に学務課が設置され学務専任吏員が増員された。

　文部省『学制百年史』[5]によれば、1872年には学校数12,558校、教員数25,531人、児童数1,145,802人、学齢児童の就学率平均28.1％（男子39.9％、女子15.1％。男女格差は歴然としている）である。それが、教育令が発せられた1887年には学校数28,025校、教員数71,046人、児童数2,315,070人、就学率41.2％（男子58.2％、女子22.6％）に拡大している。

　唐突に学校を建てろ、子どもを学校に通わせろ、教員を雇え、と新たな政府が言うのである。しかも、それらに必要なお金について政府は出さない、

図表2-1　学校制度の変遷

年月日	法令	形式	備考
1872（明治5）年9月5日	学制頒布	太政官布告	尋常小学校（下級8級4、上等8級4）1学年6カ月、学区取締、扶助委託金
1873（明治6）年2月9日	学制中改正追加	太政官布告	1中学校区人口13万人、1小学校区人口600人を基準
1879（明治12）年9月29日	教育令公布	太政官布告	模範教則（第1、第2、簡易）学令中16カ月義務、公選制学務委員
1880（明治13）年12月28日	教育令改正公布	太政官布告	初等3年義務、中等3、高等科2、任命制学務委員
1885（明治18）年8月12日	教育令の再改正	太政官布告	不況による地方教育費の節約、学務委員廃止
1886（明治19）年4月10日	師範学校令、中学校令、小学校令公布	勅令	尋常小学校4年（義務）、高等小学校4年、簡易科3
1890（明治23）年10月7日	小学校令公布	勅令	学務委員再設置、尋常科（3〜4）、高等科（2〜4）
1900（明治33）年8月20日	小学校令改正	勅令	尋常科4、高等科4、補習科（2〜4）
1903（明治36）年3月27日、4月13日	小学校令改正	勅令	国定教科書
1907（明治40）年3月21日	小学校令改正	勅令	尋常小学校6（義務）、高等小学校2〜3年
1913（大正2）年7月16日	小学校令中改正	勅令	
1919（大正8）年2月7日	小学校令改正	勅令	
1926（大正15）年4月22日	小学校令改正	勅令	
1941（昭和16）年3月1日	国民学校令公布	勅令	初等科6、高等科2、皇国民錬成を目的
1947（昭和22）年3月31日	学校教育法公布	法律	小学6（義務）、中学3（義務）、高校3、大学4
1948（昭和23）年7月15日	教育委員会法公布	法律	公選制教育委員
1956（昭和31）年6月30日	地教行法公布	法律	任命制教育委員

備考：学校教育法はその後も改正されている

自分たちで工面しろ、「受業料」（学制では授業料ではなく、受業料と書かれている。こちらのほうが子どもと親の立場からするとふさわしい）も取れ、というのが学制で言わんとするところである。

学制には「教育ノ設ハ自ラ其身ヲ立ルノ基タルヲ以テ其費用ノ如キ悉ク政

府ノ正租ニ仰クヘカラサル論ヲ待タス」（第89章）であり、「全費ハ生徒之ヲ弁スヘキモノ」（第93章）と記されている。内的事項は国家が支配統制するが、それを実施する外的事項は住民が自ら行うこととされたのである。強引に事を進める政府と困惑する人々という図式である。

　内外区分論が国家統制の都合のよい言辞であることは、記憶されなければならない。

◆学区取締と学校事務職員 ||||||||||||||||||||||||||||||||||||||

　農民や町民自身が望んだわけではない形での学校制度。無理難題とも見て取れる学校の建設・維持管理を、学校管理者として任せられたのが学区取締である[6]。15万人程度の中学区という広域学区を運営できるのは総庄屋クラスの名望家しかいない。当時の埼玉県と熊谷県（いずれも現在の埼玉県）では、1874年1月に区長兼任学区取締、専任学区取締を定めた。そして専任学区取締の執務場所は各行政区ごとに設けられた本校が用いられた。学区取締は就学督励や学校保護（管理）だけではなく教育内容にも参与し、試験にも臨席した。当時は学齢主義ではなく、課程主義をとっていたため試験は、重要な位置づけであり一大行事であった。

　学区取締だけで、各地に点在する地域を調整して、小学校を建築維持することはできない。そこで学制には書かれていない学校事務職員を、各府県、自治組織が自発的に設置した。これが学校事務職員の前史の始まりである。学制期から教育令期にかけて、学区取締や後に述べる学務委員とともに学校現場での会計庶務事務を担った学校事務職員に当たる職の発展、消滅の理由を探る。

◆埼玉県の事例 ||||||||||||||||||||||||||||||||||||||||||||||||

　現在の埼玉県を構成するいくつかの県は、中央官庁の意向に忠実な県であった[7]。事例として取り上げるに適していると思われる。

　当時の埼玉県では、1874年7月、学校事務として学校世話役を設けた。学校5〜10校に1名を置き1学区内に数名の世話役が置かれたが、すぐに経費の関係で廃止された。翌8月改訂の小学校規則により、毎校1名の主者を戸

長から選び校務出納その他にあたらせた。

　入間県（現在の埼玉県の一部）は、学務庶務係、後には学校保護役を設置、各区に人選、員数を適宜に任せた。

　1877年11月には学校主者（埼玉県）、保護役（熊谷県）を排して新たに校務掛を置き、21条からなる「小学校校務章程」を定めた。なお学区取締とともに「学区吏員選挙法及び等級表」により選挙規定と給料とが次のように定められた。学区取締と小学校務掛の選挙権は学区内に籍のある「丁年以上ノ者ニ限ル可シ」。自治組織にあっては、公選でなければ、その職につく正統性は担保されない。

　学区取締の月給は中学校の公費から4等級（14円から8円）。小学校務掛の月給は小学区の公費より、4等級（3円50銭から2円）を支給する規定であった。比較のために載せれば、教員の給料は、本教員は20円から5円50銭。仮教員は1879年から2円50銭。

　なお、1900年までは日本では義務教育でも主たる財源の一つとして授業料を取っていた。埼玉県では、「受業料」は月20銭から5銭までの5等に分け、さらに「貧困ニテ受業料ヲ納メル能ハサル者」は届け出れば許された（小学規則追加　1874年1月）[8]。

　このように第1期学校事務職員は学制期においてさえ、一つの県内だけを見ても次々に規定が変わり名称が変更される状況である。一つの学校に専任学校事務職員が必要とされるが、その財政負担が重かったのである。

　1878年に統一した地方自治制度の確立を目指した三新法（郡区町村編制法、府県会規則、地方税制規則）により県は校務掛を廃止し戸長業務としたにもかかわらず、実は各地で存続した。川越町では小学校事務係、北埼玉郡では小学区内の公選で校務委員、秩父郡では学事世話掛などが置かれていた。このような事態は埼玉県だけではなく、全国的な現象であった。史実を当たってみると、戦前に学校事務職員は存在せず、いても例外的な存在であるということでは、決してないのである。

◆筑摩県、岐阜県、長崎県 ||||||||||||||||||||||||||||||||||

　学制期の第1期学校事務職員の実態について、埼玉県以外の様子を見てみ

　よう。先行研究が取り上げている筑摩県（現在の長野県の一部）では、学区取締のもとに学校世話役が置かれ、その代表として学校主管人を置き、別に学校の管理事務に専念する有給の「幹事」が置かれるようになる。教員との雇用契約は、村の戸長・副戸長及び学校世話役との間で結ばれている。

　また、岐阜県では1876年に「学校役員事務章程」が制定され、学校役員として主者・監事・会計が置かれるようになる。学校役員は名誉的なものではなく専務者として年額35円（教員30円）が給されている。監事は毎日学校に出校し、教員、生徒の監督、諸帳簿の記入から教場の管理までを行っている。教員は、学校管理運営について直接の責任も権限もなかった。さらに、教員の給料は学校役員によって決定されており、校長がこれに参加して相談に与っていたことが知られる、と仲新は記している。また、仲新によれば、愛知県では各学校に1名の専任の幹事試補を置き校務を掌らせていた。給料は月2円とし校費から支給していた。1877年の改正により区会所を設け、学区取締と学区幹事をおき、学区取締等から切り離して学校係は町村の「用係」が兼務することになる[9]。

　門田見昌明・金子照基によれば、長崎県の事例では、学区取締は学校設立、就学督励、教員の管理、学区内巡視、「学校において毎月費やすところの金額はもちろん書籍機械新規購入等学校の実際によりてこれを定といえども一切に出納の詳細を人民に公告」するなどの職務をもっていた。その実際の運営は各学校の「学校世話掛」が担当していた。1876年頃には「県令―学務課―大区区長―学区取締―小区戸長―村の小頭兼学校世話掛」という地方教育行政組織が、長崎県で整ったとされている[10]。

　当時、実際の学校運営を担う学校世話掛は「受業料」も徴収していた。学校事務職員の存在の発掘と役割の評価は今日的な意義がある。地方教育行政組織の整備が大切なこと以上に、住民の自治的な学校運営の実質を担っていたことが重要である。

◆全国各地でさまざまな名称と役割で設置 ||||||||||||||||||||||||

　全国的な配置状況について、先行研究による事例を列挙する。江上芳郎によれば、学校世話掛（長崎、山口、奈良、大阪）、学校世話方（度会）、学校

世話役（水沢）、学校世話係（和歌山）、学区世話掛（愛媛）、小学世話方（敦賀）、世話掛（兵庫、小倉、長野、福岡、神奈川、鹿児島、新潟）、世話人（筑摩）、学校事務扱、学校事務取扱（山形）、学校執事（長野）、学校事務掛（置賜、山梨、岩手）、学校係（磐井、青森）、学校監事（筑摩）、学校支配人、学校雑務係（東京）、学校主者（福岡）、学校周旋方、小学周旋係（高知）、学校保護役（熊谷）、学校用掛（白川）、学区係（愛知）、監事（浜松）、監事試補（静岡）、元資金監調方（石川）、教育評議人（新川）、校務係（埼玉、熊本）、事務掛・周旋の者（橡木）、事務扱（山形）、司籍主簿（小倉）、社主（兵庫）、周旋人（堺）、主者（岐阜）、小学保護人（鳥取）、生徒掛（相川）、保護役（群馬、滋賀）などである[11]。

　同一県でも名称や役割は頻繁に変更されるが、世話、事務、執事、支配人、雑務、主者、保護、監事、周旋、評議人、などの名称が学制期の役割を示している。

◆教育令の時代背景 ||||||||||||||||||||||||||||||||||||||||||||||||||

　学制という日本の民情を無視した教育制度はやがて限界に達する。限界が来たのは教育制度だけではない。地方行政制度、そして税制制度も、である。明治政府は、農民からの地租等を原資として殖産興業、戦争ができる国家への歩みを一気に中央集権的に進めようとした。家禄奉還、秩禄処分により職を失った旧武士階層は、武力による政権転換を図るも西南の役で潰え、士族民権と呼ばれた自由民権運動に転身し、国会開設による局面の打開を模索するようになる。

　西南の役という内戦にかかった軍事費（4,100万円）は、国家予算（税収4,800万円）の85％を占めるほどに費やされた。国家財政をはやくも破滅させ、インフレーションを起こした。緊縮財政をとる松方デフレ政策（大蔵卿松方正義が行ったデフレーション誘導の財政政策）により、窮乏した農民は、土地を追われ都市に流出するか、自作農から小作農へと転落した。日本社会の病巣であった不在地主という寄生虫が地方を牛耳るようになる。

　幕末から頻発していた農民一揆は、明治になってもやむことはなかった。1874年には酒田県で1万人にも及ぶ騒擾が起きている。喰い潰れていく農民

は地方散発的な騒擾を起こす。主張には、高利貸し資本への反発、減税（地租改正）、そして学校制度反対などが掲げられていた。就学拒否という消極的な拒否だけではなく、学校閉鎖、学校焼き討ちなどの事態が広範に起きたのであった。教員は、その出自でみると旧武士（士族）か地主層が多く、一般の農民層にとっては異質の存在であり、彼らが振りかざす近代公教育にはなじめないものがあった。

　普段の生活改善に役立つことを教えない学校制度への反発が、民権思想を取り入れた農民騒擾として現れた。これを恐れた政府は、強制をゆるめた。教育令では、地域の実情に合わせた弾力的な学校制度の導入が図られた。教育令の時期、就学率の上昇はほぼ止まった。1880年、学校数28,233校、教員数99,510人、児童数3,097,235人、就学率49.6％（男子65.8％、女子32.1％）である。男女格差は依然として改善されていない。

　この時期の教育行財政を文部省『学制百年史』では以下のようにまとめている。

　「教育令以降は、上述の実態に合わせて教育行政区画としての学区を廃し、教育行政機関と一般行政機関との一元化が進められていった。11年7月郡区町村編成法、府県会規則、及び地方税規則のいわゆる地方三新法と13年の区町村会法とに基づく地方制度改革により、府県、郡、区町村の機構が確定され、それに対応して従来の学区取締に代わって、『町村内ノ学校事務ヲ幹理』するために学務委員が置かれた。この学務委員は第一次教育令では『町村人民ノ選挙』によるとしたが、第二次教育令において『町村人民其定員ノ二倍若クハ三倍ヲ薦挙シ府知事県令其中ニ就テ之ヲ選任』するよう改正された。公選制から任命制への移行である。理由は自由民権派が学務委員になることへの排除である。

　第三次教育令により学務委員制度は廃止され、町村の学校事務はすべて戸長が掌理することとなった。地方長官の教育行政に関する権限も第二次教育令以降強化された。19年の勅令である小学校令にあっては小学校の設置区域やその位置までも『府知事県令ノ定ムル所ニ依ル』とされた」、と記されている。

　この間に第1期の学校事務職員の動向はどうだったのか。

◆自由教育令期の公選制学務委員 ||||||||||||||||||||||||||||||||||

　1879年、俗にいう自由教育令が太政官布告される。学制期の学務取締が廃
止され、アメリカの教育委員を参考にした公選制の学務委員が新たに設置さ
れることになった。学区取締が廃され、学区取締の20倍の 6 万人前後の公選
制学務委員が置かれることになった[12]。士族の自由民権運動や農民の騒擾に
押された政府は、自治体運営や教育について大幅な弾力化を行ったのである。
学制の中央統制型から地方分権型の学校制度へ転換したのである。もちろん
学務委員だけではなく、戸長など自治体の役員も公選制が導入された時期で
ある。

　学務委員の規定について、第10条に、「町村内ノ学校事務ヲ幹理セシメニ
カ為ニ学務委員ヲ置クヘシ。但人員ノ多寡給料ノ有無ハ其町村ノ適宜タルヘ
シ。第11条、学務委員ハ其町村人民ノ選挙タルヘシ。第12条、学務委員ハ府
知事県令ノ監督ニ属シ児童ノ就学学校ノ設置保護ノ事ヲ掌ルヘシ」と規定さ
れている。この公選制学務委員の問題点として倉澤剛[13]をはじめとして投
票率の低さが指摘される。しかし、事例が東京都のみであり、その根拠の適
切さは疑問であった。事例を広く当たり、必ずしも投票率が低くはなかった
ことを示したのは谷雅泰である[14]。東京の事例で根本的な問題は、「人口に
比して極めて少数の委員しか置かれなかったということである。一人当たり
の有権者を、区部と郡部で試算すると、区部では6,878人、郡部では343人と
なり、20倍以上の開きを生じている」と指摘している。投票率が低いという
批判は戦後の教育委員選挙でも繰り返される。

　公選制学務委員は町内の学校事務を幹理するのが業務であり、広域を所管
した学区取締よりは相当人員は増加した。しかし、学校運営に十分ではなく、
各学校の事務を取り扱う人が必要となる。学制期に学校事務係や学校世話役
として設置された人々の多くが、新設の学務委員となり、あるいは学務委員
のもとに学校の具体的な事務に携わっている。

　1880年に教育令が改正され、学務委員の公選制が廃止され、学区制が新た
にとられるようになる。このことにより学務委員は学校から離れる傾向が生
じ、学校に学校事務職員が必要となった、と仲新はみている。

　1881年の内務省達第54号により、経費の賦課は戸長の職務となり学務委員の業務ではなくなる。さらに1882年の文部省達第12号により、府県知事県令の行政意志が認可から指揮へと変更された。1884年に戸長が官選となる。1885年の学務委員の廃止、と続く。教育への住民意思が加わる経路が遮断されたのである。

◆自由教育令期の学校事務職員 |||||||||||||||||||||||||||||||||||||

　水野節夫の調査によれば、教育令期、改正教育令期において埼玉県、沖縄県では設置されなかったようであるが、北は青森県から鹿児島県まで少なくとも15府県で学校事務職員に当たる職が確認できるという[15]。例えば任意設置とした山形県の朝暘小学校の「世話掛心得」は、学校費用の管理、教職員の監督、児童の試験の立会など、学務委員に属する職責を果たしている。また、山形県河北町の事例では、15か村12小学校教員49名からなる第5番学区を、学務委員1名、学区事務係2名、及び各校設置の学校世話係で管理する様子が示されている。この教育事務体制によって教職員の採用をはじめ一切の教育行政事務を所掌していた。現行の教育委員会事務局員・学校事務職員にも通じる整備された教育行政の体制である。1880年8月、再改正教育令によって学務委員制度は廃止されるが、学校の管理運営に支障が生じるとして、その一部は戸長役場書記という一般行政官職に再度任命替えして、その職務に引き続きあたったとされている。

　このような事例は、「文部省第13年報」においてほかにも確認できる（青森、栃木、山梨、石川、山口、愛媛、佐賀）としている。また、学校世話掛を継続した新潟県では、学務委員は学区取締同様に広域教育事務を掌り、学校ごとの管理運営は小学校事務を置いて執行した。その小学校事務は、学務委員と同様に「学校組内ノ公選」とされている。新潟県では1882年12月には選任方法は任命制に代わっていたが、学校事務掛としてさらに整備されている。7条にわたる「学校事務掛職務心得」が示されている。それを見ると、学務委員の指示を受けて、校舎の修繕、書籍器械の購入と保存、簿書綴状整頓、生徒取締、校丁勤務評定、学費の予算精算、学事表簿の調整が職務範囲とされ、教員の任免や教育内容業務は入っていない。第4条の生徒取締、つ

まり生徒指導を抜かせば、現在の学校事務職員の職務と重なる。そして、水野節夫は、1885年の再改定教育令によって学務委員制度が廃止されたことを契機に学校事務掛は戸長役場等の一般行政の所管に移っても存続し、1892年末ごろに至って消滅したと分析をしている。

◆学制期、自由教育令期での学校事務職員は、教員からどう見られていたのか ||||||||||||||||||||||||||||||||

　長野県の自由民権派教育雑誌『月桂新誌』は、1879年1月6日の創刊号から1881年6月16日の144号まで発行された。田嶋一が「第7章　『自由教育令』下における学務委員制度と教育の自由・自治問題―『月桂新誌』の分析を通して」を『自由民権運動と教育』に載せている[16]。田嶋一によれば『月桂新誌』[17]は長野県松本市に本社を置いた月桂社が発行し、社員のほとんどが長野県師範学校松本支校に学んだエリートである。自由教育令が公布されたことを契機に教育の刷新を、自由民権のイデオロギーを借りて語ろうとしたものである。

　「学務委員選挙」について社員による討論会の様子が、第43号、第44号（1880年1月16日、1月21日）に掲載されている。藤原義明社員は、「是迄各小学ニ在ル処ノ執事ノ無権無力ノ輩ヲ選挙スル事ハ到底教育ノ振興スル事アラス且教育上ノ義務ニ不都合ヲ生シ名ト実トテ齟齬シ空々タル教育ニ流レルノ憂アリ之ヲ傷ミ或ハ談スルモ権力アラス気力モ有サルモ以生徒ノ就学ヲ督促スルノ色ナク日ニ教育上ノ衰頽チキザサシムル事信認ス」と、公選学務委員も学制期の執事と同様に「無権無力」となるので戸長同等の権限を与えるべきとした。

　田嶋は、学制期の執事に関する評価は月桂社グループでは低いだけではなく、公選制の学務委員に関しても、民衆の教育自治の能力の到達段階を執事の現状からはかり、当面、上からの規制が必要とする論調が強くみられる、と分析をしている。

　第43号には、諏訪の湖北の小学校の執事が、授業をすることは「六ヶ敷事やある」として、8円の給料を教員に与えるのは無益千万として5円でよいと「凝り固まっているそうだ」、という記事を載せている。地域社会の財源

で地域社会の子どもの教育を行っているという自覚と覚悟のない民権派教員の視点である。「進歩」的知識人が愚昧の民衆を教化するという高慢な姿勢が見受けられる。

　第56号、第57号（1880年3月21日、26日）では公選制学務委員を行う時期に、教育会議に参加させるべきかの討論が掲載されている。ある社員は、執事は教育会議への参加は無用である。理由として一つに執事は校務をつかさどる者であり、教育会議の議題の多くは、教務、すなわち教員の専門に関わる問題であること。2つに執事は学校の施設を充実させること、学費の削減のことばかり頭にあること、と挙げている。

　別の社員は村側の代表である執事は学費の削減ばかりを考えていて困っている。教育会議に参加させて教育の重要性を悟らせるべきだ、と発言をしている。学校運営と教育内容は、地域の民衆と教員が一体となって方向づけることがもっとも肝要であるにもかかわらず、対立ばかりが煽られる。それを調整する役割が執事であったはずである。

　調整への無理解は村側からもくる。孤立感が高まる執事、学務委員。第73号（1880年6月16日）には東筑摩郡のある学務委員は、1875年から執事、学務委員を勤めてきた人で、この人の尽力により、村は当初200円あった学校の負担金を返済し、余剰金さえ生じさせるほどになったが、「同氏の功を妬み種々の故障をなすに依り同氏はその職を解かんと希がふ」、との記事が載る。

　やがて、月桂社に集う若いエリート教員は、政府が関与する任命制学務委員の制度に期待するようになり、明治政府が進める国民（臣民）教育への同化に向かい、民権意識は霧散していくことになる。上から見下ろすような民権はたやすく国権へすり替わる。したがって、風向きが変われば、民権は国権イデオロギーに飲み込まれる。それは戦後民主主義のイデオロギーも同様ではなかったのか。

　田島は、「民衆に押しつけながら新生国家の初等教育制度を強引に確立してきた学制期の近代学校制度の、つもりつもった政策上のほころびのツケが、民衆の新国家に対する不満がもはや官の威力によっておさえつけられなくなってきたこの時期になって、ムラ社会の代表である学務委員に肩代わりさ

せられたのであったととらえることができよう」としている。

　公選制学務委員はわずかな期間であった。翌年には任命制学務委員となり、再改正次教育令で廃される。その後、1890年の改正小学校令で復活するが、それは国の教育事務を担うことが期待されてのことである。田島は、「この学務委員制度の変遷の一連の過程は、日本社会の近代への曲がり角で、教育の自由と自治の制度および思想が、政治の自由と自治の要求とともに、地域社会に根づいていく前にその芽がつみとられ、やがて天皇制国家のもとでおのずからおさまる自治へとすりかえられていった政治過程として、おさえることができるのである」と結んでいる。この教育をめぐる政治過程は、戦後の教育委員が公選制から任命制へと転換することで、再び繰り返されている。

◆破たんの危機に瀕した開智学校 ||||||||||||||||||||||||||||||||

　全国的にも黎明期の学校として、現在に至るまでその名が輝いている松本市の開智学校も低迷期があった。『開智学校沿革史』[18]によってその様子をみてみる。旧開智学校本館は、2019年に、近代の学校建築として初めて国宝に指定された。1873年 5 月、筑摩県学を改めて開智学校とし、学制による小学校として開校された。1876年開校した新築校舎は白亜 2 階建の上に八角形の高楼をもち、 2 階唐破風の下に開智学校の額をエンゼルが支える擬西洋校舎である。新築費用総額は 1 万1,128円24銭 8 毛という巨額であるが、町割り当てと個人寄付によるすべて民費による費用の捻出であった。学校は地域の力よってつくり出されるのである。

　就学しても、当時は今の年齢主義ではなく課程主義であったために、1880年の卒業生は、初等科103人（男65人、女38人）、中等科23人（男18人、女 5人）、高等科11人（男 8 人、女 3 人）というように課程が上がるにしたがって極端な減少傾向がみられる。

　教場には士族と平民の子どもが混ざり、「一つの小さな教室の中に、服装にも言語にも態度にも、士族と平民との差別の色彩が判然と目立って居た。何かの機会には、二つの童群に分立して喧嘩したものだった」。その分立は、貧富差によるものに変わっていった。士族、平民、そして平民の中でも風俗、格差をいかにまとめて「国民」として均一化するかが当時の学校に求められ

ていたはずである。日本では、1900年までは授業料を取っていたのである。開智学校では学校から渡される月謝額が書かれた木札に銭を通して学校に子どもたちが登校する。木札には姓名に上中下等が明記してあるのである。このように、格差を顕在化させることも、平然と学校では行われていた。やがて調整不可能な事態まで悪化する。

　新築後、建設費用、書籍器械費、職員給料等の増加により収支のバランスは、改正教育令が公布された1880年には最悪の状態となり、職員給料は約2分の1の支出となる。

　「教員一同頻りに時の校長根本静に迫り俸給の支払いを請求し、校長は之を以て学務委員に迫り、学務委員は之を以て戸長役場に迫るも学資の滞納甚だしく、亦如何とする事能はず、遂に校長は職を辞して此の煩累を遁るるの止むをえざるにいたり。学務委員は学校の運命亦如何ともすべからざるを察し、郡長に向ひて閉校の意見を上申せしが、郡長素より之を許さず」

　背景として地域間対立、士族平民の対立による資金難があり、学資の欠乏を教員人件費等の節約によって対処する。これによって教員の劣化が起こり、ますます子どもが集まらず授業料の減少もとまらなくなる。課程主義であるため教員の力量が目に見える形で問われるのである。

　追求されたのは学校経営を担う学務委員であった。『月桂新誌』第96号（1880年10月11日）では、学務委員の独断専行の行為と帳簿の不明瞭を挙げて追及している。

　「北深志人民ノ収入金ハ、帳簿ニ記録セザル所アルヲ以テ、其ノ出シタル者ハ出サザル者ヲ以テ爾後ノ出金ヲ拒ム」事態となった。3名の学務委員の対立も学校経営が機能不全となった要素として挙げられる。命脈ほとんど風前の燈火にあって、戸長たちが協議委員となり再建されることとなる。

　このような学校財政をめぐる深刻なトラブルは、開智学校に限ったことではなかった。『月桂新誌』第111号（1880年12月26日）社説では、村政の主任は村吏であり、学資の徴収はやるべきことであるのに村吏は学校を蛇蝎視しているゆえ、学資の徴収督促等までが学務委員にやらせる傾向になっている。しかし学務委員は行政官ではないから、そうしたことを村民に命令する権限はない。そのために実際には以上のようにいろいろな問題も起こってきたの

である、という見解をみせている。

　三新法、府県官職法、区町村会法などと、地方行政組織ができあがる途上にあった。地方官制も制度化されず、市制町村制もされない。民権派エリート教員は学務委員を行政官ではないと考えているようだが、村史と学務委員とを分けるほどに地方行政は整ってはいなかった。学校に子どもを上げる必然性を村民が抱かない以上は、誰がやっても学資は集まらない。それが根本的な問題であるが、それはみえていなかった。

◆菊池寛の父親は藩儒を没落し、 明治初期には小学校庶務掛 ||||||||||||||||||||||||||||||||||||||

　学制期後半から教育令期にかけて「小学校の庶務係」であった父親が、モデルと思しき人物が登場する戯曲を、菊池寛は書いた。菊池寛の戯曲や半自叙伝から、第1期学校事務職員である父親とその家族の生活と感情とが読み取れる[19]。

　古い戯曲であるが、かつては一世を風靡した『父帰る』は、菊池寛の代表作である。明治40年代の地方都市を背景として放蕩三昧によって零落して帰宅した父を、葛藤の末に許す息子の物語である。作者菊池寛も父武脩との間には葛藤があったとみえる。彼の書いた『半自叙伝』によれば菊池家は高松藩の藩儒の家系であった。しかし、明治になると、「私の家は、随分貧しかった。士族らしい体面を保っているために、却って苦しかった。父は、小学校の庶務係をしていたが、月給は8円位であった。（略）貧乏の記憶を挙げれば私は高等小学校の3年のとき父が教科書を買うのを億劫がって、私に写本をしろと云うのである。（略）写本云々のことは、『父帰る』の中に使ってあるが、けだし私の体験から来た文句である」。

　四国讃岐の高松藩は徳川家譜代の大名であり、明治維新後、藩士たちは官途の道が途絶えていた。中央官庁とはいわず、府県の主だった役職は薩長等の官軍側の旧藩士によってほぼ独占状態であった。それ以外の士族は潜り込めても下層の役人にしかなれない。ましてや親藩譜代大名家の家臣では、能力の問題は差し置いて、没落するしかなかった。

　農事もできず、職人としての技もなく、商才もなければ零落の人生が待っ

ていた。それは家長だけではなく子どもの将来にも暗い影を落とす。このような生まれた環境によって、縁故がなければそれだけの人生であるという歴史は繰り返すのかもしれない。

天皇制教学の浸透と教育行政事務の独自性の縮小

◆再改正教育令期から小学校令期の特徴 ||||||||||||||||||||||||||

　この時期について『学制百年史』では、地方行政制度の成立と国の事務として委託された教育行政について以下のように記述されている。

　「明治20年以前の時期において、すでに、近代的な地方行政制度のあり方が模索され、ある程度の地方自治の制度化もなされてきたのであるが、21年の『市制及町村制』ならびに23年の『府県制』（法律35）『郡制』（法律36）の制定によって、戦前におけるわが国の地方自治制度は一応の成立をみることとなった。これによって市町村は公法人格をもつ地方自治体として設定され、府県の自治権も拡充された。同時に23年、地方官官制も改正されて、ここにわが国の戦前における地方行政制度の骨格が形成された。それに伴い、23年10月3日に『地方学事通則』また同月7日に『小学校令』が新たに公布されて、地方教育行政の制度・機構ならびに地方団体及びその機関と教育行政事務の関係が詳細に規定され、戦前におけるわが国の地方教育行政制度の基本的なわく組みが成立することとなった。

　地方学事通則及び小学校令によって、教育が市町村の固有事務ではなく国の事務であることが明確にされるとともに、教育行政に関する文部大臣・地方長官・郡長・市町村長・市町村等の権限と責任が具体的に規定された」

　「官制」という言葉は、奈良時代から戦前にかけての、行政機関の組織、名称、設置、構成、権限などを定める制度をいう。地方自治はすなわち市町村、郡、府県などで自らの意志で治めることを意味し、地方議会がその舞台となった。自由民権以来の住民の意思を制御するために府県を政府の地方行政機関として位置づけたのであった。特に市町村の首長は公選制であるのに対して府県郡の首長は官選であり、官治的運営を行った。府県にあっては、民意は地方議会において反映されるしかなかった。

　経緯を繰り返すが、地方自治に沿った自由教育令を発したが、翌年には再び中央統制的な内容に教育令を改正した。すでに述べたように公選制学務委

員を廃止し、町村会が定員の2、3倍を推薦し、その中から地方長官が選任
することとし、また学務委員には戸長を加えることなど、教育行政の独自性
は徐々に消され、一般行政事務の中に吸収されていった。その一般行政も江
戸時代から受け継がれてきた住民自治が奪われ、日清日露戦争を契機として
国家機関の下請けの色彩を強めていく。

◆改正教育令による学務委員の廃止 ||||||||||||||||||||||||||||||

　1885年の改正教育令では授業料を徴収することが指示され、また学務委員
が廃止された。廃止の理由を河田敦子は財政問題とはみなさず、以下のよう
に絵解きをする。

　自治の場となっていた区町村会等、そして公選制戸長として自由民権思想
の人物が任じられている事態からくる学校教育への民権、自治思想の浸透を
恐れたのである。対策が戸長官選と学務委員の廃止であるとする。

　教育に対する国家の方策の一つとして、「行政事務となった教育に学務委
員として一般民衆が関わることを排除するために学務委員条項を排除した」
と述べる[20]。それでも、廃止後の約5年間も小学校委員などの名称で学事に
関わる委員が置かれた地域がある、と河田敦子は調査分析をする[21]

　河田敦子が「学事委員」と名付けた職種は、権限を縮小され、ついには廃
止された学務委員と同種であるとみえ、学校事務職員の先行形態であるとも
みえる。

　「45県中半分を超える25県に学務委員廃止以降に学事委員が設置されてい
たことがわかる。過半数の県が独自に学事委員を設置する必要性を感じてい
たのである」。その中には県が条例で義務づけ、学事委員が事務的だけでは
なく政治的にも地域住民と役場との仲介者とされた事例として山梨県が挙げ
られている。また千葉県で設置された学事世話掛の業務は就学督励、学資備
蓄、学校の維持管理であり、従前と変わらない職務である。

　結論として、「学事委員の存在は戸長の指揮下というより、なお村民の教
育欲求と密接に結びついていた。その村民の教育欲求とは学校設置位置の決
定や建築費用の調達、学資金の賦課方法の決定と徴収、教育内容であり、そ
れらは、この時期の村政における最重要課題といっても過言ではなかった」

としている。

　アメリカの教育委員制度を導入した当初の職務範囲と権限が次々と縮小された後でも、約半数を超える県で設置された「学事委員」の業務はさまざまであるが、千葉県の学事世話掛をみると現在の学校事務職員の職務範囲と重なる部分が多い。

　第 1 期の学校事務職員の存在は、長くみて1872年の学制頒布から1890年の改正小学校令までの約20年間と考えることができる。その後も、以下に述べるように、学務委員が再置される。その内容は教育事務であり、現在の学校事務に重なる部分もある。

　「第 1 期学校事務職員」を、学制期、教育令期にわけて図表 2 - 2 「第 1 期学校事務職員（参考）」を作成した（章末）。先行研究をまとめたものである。

◆ 1890 年以降の縮小された学務委員の権限 ||||||||||||||||||

　1890年10月の改正小学校令で学務委員は再び登場した。

　第72条「市ハ教育事務ノ為市制第61条ニ依リ学務委員ヲ置クヘシ但市会ノ議決ニ依ルノ限リ在ラス　委員ハ市立小学校男子教員ヲ加ワフヘキモノトス其数総数ノ 4 分 1 ニ下ルコトヲ得ス」、第73条「市ノ学務委員ハ市ニ属スルクニノ教育事務ニ就キ市長ヲ補助スル」と記されている。

　町村についても同様の条文が第79、80条にある。同月には教育勅語が発布されている。再登場の背景には、廃止後もさまざまな名称で教育、学校に関わる自主的な委員が存在していたことが挙げられる。学校運営に必要があったのである。

　しかし、その業務は国の教育事務について市町村長を補佐することに限定された。

　埼玉県において、学校令期に再登場した学務委員は従前と異なる点を『埼玉県教育史』は第 4 巻第 2 章第 1 節教育行政において 2 つ挙げている。 1 つは選出方法と構成である。特に注目しているのは教員の学務委員であり、「地方教育行政史上注目すべきことである。その意味は公立小中学校教員を国の教育行政機構の末端に参画させることによって、公教育の国家管理化を促進させようとしたものであった」。この指摘は重要である。 2 つは職務の

権限が縮小されたことである。町村に属する国の教育事務執行に関して、町村長の補助者であり、それから独立した機関ではなくなった。したがって、「とくにかれらの町村レベルでの主体的教育行政上の権限は相当縮少されたものとなった」のである。

1890年の小学校令改正以降、埼玉県では教育行政上の重要施策の場合には必ず郡長を招集して諮問・施方についての多くの訓令や指示・諮問を行った。町村学務委員会が各郡役所で開かれ、特に1899、1900年にかけて学務委員会が開かれた。

埼玉県東部の足立郡の学務委員会での協議事項では、学務委員に関わる事案がいくつかみられる。最初の案件は、「御影及勅語謄本守護ニ関スル件」では「訓導準訓導役場吏員及学務委員ノ内ニテ必ラス交番宿直ヲナスヘキコト」である。この件は国の教育事務の象徴的な行為である。

「学齢児童就学事務ニ関スル件」では学齢調査簿の担任、就学告知書を発すると同時に学務委員は保護者を集めて勧誘督促をすること、などがある。「学務委員執務ノ件」では、学務委員の互選によって事務担当者1名を設け（教員出身者は除く）、毎日、町村役場に出勤して教員の執務状況や生徒の出席状況、設備の整否を視察することとされている。この専務学務委員1名には1年30円以上60円以内の年報が給与された。

「教育費予算案調製ノ件」では、編成にあたっては、学校長もしくは主席訓導の意見を聞き学務委員会での決定を経て町村会に提出すること、とされている。

1900年当時の学務委員の業務は、戦後の教育委員に近似しているともいえるのである。そもそも、1879年の教育令で設置された学務委員はアメリカの教育委員制度を導入したものである。権限が縮小され形骸化してもそのなごりは残った。

◆教育行政事務と一般事務との関わり ||||||||||||||||||||||||||||||

千葉正士は、以下のように地方教育行政事務の一般行政への吸収を述べ、その中で第1期学校事務職員が消滅していった理由を見いだしている。

すでに、「学区取締の補助機関は、専任の者であったろうが、実は戸長の

補助吏員であった保任長や小頭などの村落総代がかねていたことも少なくな
かったから、その場合は、教育令時代にも容易に引き継がれたことと思われ
る。そして13年改正教育令をへて15、16年頃の学区統合と学務委員減員とが
行われてみると、実際上補助者の必要性は増大こそすれ減小するものではな
かったはずである。文部省も『学務委員ノ外ニ学区内ニ於テ世話掛等ノ名義
ヲモッテ学事ヲ取扱ハセ候者ヲ置ク儀ハ差支ナキ筋ト被存候』（明15・4・
1千葉県伺、同15・5・11文部省指令、『文部省日誌』15年30号41頁）と指
令したことからみても、やはり相当広汎にあったものといってよい。（略）
だが、そうして学務委員が廃止された結果、過重となった戸長の行政事務を
補助する必要が生じ、前述した町村吏員あるいは民間の補助者がこれにあて
られた。民間の補助者には、学務委員の補助機関であったものが、おそらく
そのまま任ぜられたことと推察する。そうだとすれば、いわば各旧村の代表
者であるこの補助者の上に、戸長が行政上の監督命令者としてのぞむ体制が、
ここにととのえられたことになる」[22]。

　1892年の小学校令改正により、任命制の学務委員が復活した。同改正では
郡視学も設置されている。これ以降も学校事務の業務は、地方行政制度の整
備があり、また「各市町村の学務委員は、その定員が10名以内だったから、
当時の市町村数15800前後からして、大ざっぱにいって全国に15万人程度い
たろうから、そのうち規定による男子教員で任用されたものをのぞいても、
一般市町村住民で学務委員に就任した者は毎年10万名以上になっていただろ
うとおもわれる。（略）各部落に平均1名以上おかれたことになり、実際上
その上に補助機関はそれほどいらなかっただろうとおもわれる。まして、区
長および区長代理者が学務委員に協力するのであるからなおさらである」[23]
と分析をしている。

　1900年の小学校令改正によって、義務教育段階の授業料は無償となった。
これによって就学率は向上した。お金はとれない、人は増える。授業料を徴
収する事務はなくなったが、学校運営の財政運営をすべて賄うこととなった
自治体、特に小規模の村では財政破たんに向かうこととなった。

◆学校運営に必要な業務はことごとく教員が、という論説 ||||

　学校令施行規則第135条に「正教員ハ児童ノ教育ヲ担任シ且之ニ属スル事務ヲ掌ル」とある。これによって校務分掌によって学校運営に必要な事務はことごとく教員が担っていたという論説が生まれることになる。

　杉山正隆『実験学校管理法』を引いて、市川昭午は、戦前の学校体制において、「小学校にのみ書記がおかれなかったのは、平均的にいって学校規模が小さく、事務量が少なかったこと、学校数が多く財政負担が大きかったこと、さらに小学校教員の身分が低く、給料が安かったこと、従って狭義の学校事務に従事させても不経済ではなかったことによるものと考えられる」との見解を示している[24]。

　旧制中学の書記も狭義の学校事務を行うために置かれたわけではないだろう。事実、教育活動に付随する事務や校務分掌で割り振ることができる軽度の事務以外の学校運営に関わる広義の学校事務については、これまでみてきたように学務委員が設置されていたのである。ただし、その学務委員の教育行政に占める比重は軽くなっていったのも事実である。

　官治的傾向が強まるにつれて、学務委員会は校長あるいは主席訓導も入れた「学事会」となり徐々に校長の教育行政に占める比重が高まっていった。埼玉県では教育行政の方針は知事召集の郡長会議で訓示・指示され、その内容は郡長召集の町村長、小学校長、学務委員による学事協議会で実施方を図る行政指導がされた。

　時代がさらに進んだ1917年の埼玉県児玉郡指示事項が、『埼玉県教育史』第5巻に掲載されている。郡視学から学務委員への指示事項として学齢児童ニ関スル件、高等科入学勧誘ノ件、設備ニ関スル件、教育費予算編成ニ関スル件、学校基本財産並校舎増改築費積立ニ関スル件、学務委員ニ関スル件、青年子女ノ指導ニ関スル件である。広範な教育行政事務の担当者であったことがうかがえる。

　学校は教員のみという説は、教育行政の一環である学校の実態をとらえきれず、校務分掌程度の話を、思い込みと願いを込めてオーバーに表現したに過ぎない。

◆旧制中学校等への「書記」の配置について ||||||||||||||||||||

「学校編制及設備規則」（明治三十二年二月八日文部省令第三号）には、「明治三十二年勅令第二十八号中学校令第十五条ニ基キ中学校編制及設備規則ヲ定ムルコト左ノ如シ」として、「第六条　書記ハ二人以上トシ学校ニ差支ナキ様相当ノ員数ヲ備フヘシ」と記されている。

旧制中学校は市町村が実施する義務教育ではない。府県が実施するエリート教育の機関であった。戦後の義務教育段階での学校事務職員配置の前史として取り上げるのにはふさわしくない。

◆学務委員についての文部官僚の見解 ||||||||||||||||||||||||||||||

1932年に校長は奏任官待遇とされた。身分は「待遇」扱いで上昇したが、それは戦時体制に教育がのめり込むための餌でしかなかった。農村の疲弊は進み、やがて学校教育は事実上放棄され、それは戦後のあおぞら教室において、黒塗り教科書で勉強するときにまで続くことになる。

この年発行の文部事務官加藤精三の『市町村立小学校教育費問題精義』には、「都市農山村漁村を問わず、市町村財政の現状は著しい窮迫に悩んでいる。地方教育費整理の徹底的根本的且合理的なる方法が見付からない今日」、従来の因襲を泥（なず）むことなく、新たな範囲で学校組合を設置すべきとしている。学務委員の制度に関しては、「今日その本質を失ひつゝある。学務委員の第一義的任務は児童の就学及び教科課程に関するものなるにも拘らず、方面委員救護委員等とも連絡をとり教育的社会事業に精進している学務委員は果して何人ありや」。「学校の予算や設備に関する事項も重要ならずとは言わず。然し学務委員の職分としてはどこまでも第二義的の方面の仕事に過ぎないと私は信ずる。即ち私の見るところを以てすれば学務委員の本質はどこまでもその国の機関たる点に存する。教科課程の決定、教材収集の方面における学務委員の活動は将来益々期待されねばならぬ」と学務委員が学校の予算や設備だけではなく、国家の機関としての自覚をもち教科課程等へ踏み込むことを要請していた[25]。

◆税の国家集中と配分、その一環としての 義務教育費国庫負担制度 ||||||||||||||||||||||||||||||||

　1940年3月、税制の改正を行い、所得税と法人税の所得課税を国税に独占し、地方には還付税（道府県対象）と配布税からなる地方分与税制度を導入した。この制度の導入により地方財政調整交付金制度が定着した。地方の財源を奪い国家に集中し、代わりに地方分与税を導入することにより地方財政への政府支配力が強まった。

　この税制改正に連動したものとして、義務教育費国庫負担制度が1940年に完成した。背景にあるのは昭和10年代前半になると教育費支出が町村税収の193％となり、それは小学校教員俸給の国庫支出の依存率が60％以上である町村が6割を超える事態である。教員給与で町村財政は破たんしていたのであり、国からの補助金でその場をしのぐまでになっていた[26]。破たんしているのは財政だけではなく、社会全体であり、5月に布靴が配給され、6月に砂糖、8月に米が切符制となる。その中を教員たちも次々に応召されていく。それは翌年には、戦死者として「遺骨、無言の凱旋多し」となり、ある地域の校長は海軍志願兵勧誘のために村々を回る日が続き、児童生徒は食糧増産のために晴れの日には勤労奉仕が続くという状況になる[27]。

◆全校児童による兎狩り、そして兎汁をふるまう国民学校 ||||

　1941年3月、国民学校令では、学務委員について小学校令と同趣の規定として第8章管理及び監督、第38条に学務委員を置くことと、中に国民学校教員を加えることが記されている。

　国民学校令施行規則の第7章第118条から第121条までは学務委員についての規定である。学務委員は市町村に10人以下とし、就学督促、設備、経費予算、学校基本財産等9項目について市町村長を補助し、諮問に意見を陳述することが役割となっている。

　1941年8月、節米配給の実施、1日1人、4歳以下8勺、5歳以上2合5勺。酒、菓子等も切符制となる。

　1941年10月、教育審議会は戦時教学刷新に関する答申を行った。答申「教

育事務及び財政ニ関スル件　教育行財政及財政ニ関スル要綱」では、国体ノ本義ニ基ク教学ノ刷新のために市町村の学務委員、社会教育委員等が一体となってその機能が発揮できるように機構の確立を期すことが、求められている。文部省事務官加藤精三が『市町村立小学校教育費問題精義』で論じた内容が答申されている。戦時体制が進む中で、社会と学校の破たんは深刻化していった。学校経費を計上するお金などはなかった。1942年3月には、全校児童による兎狩りをし、6羽を得て、翌日には兎汁をふるまう国民学校も現れた[28]。「うさぎおいし　かのやま」は当時では普段の風景であったろうが、全校で実施するところにせっぱつまった時代の様子がうかがえる。戦時体制を終わりにする以外に刷新はなかったはずであった。

　形骸化した学務委員はそれでも存在していた。このことは、戦後の教育委員会制度を容易に受け入れた素地にもなったのではないか。戦前戦後の断絶のみをクローズアップするのは公平な歴史観ではない。

　敗戦後に、再び教育行政の自立性、重要性が注目されるようになる。教育長の特別免許制などに示される教育行政の専門性の重視からであった。しかし、それはアメリカの教育委員会制度そのままではなく、教育令が改定された1880年頃から敗戦直前までの一定期間に実施された地方教育事務に接ぎ木されたような特性が生じた。教育を目的とする地方税を徴収する制度も導入されず、戦時体制でつくられた義務教育費国庫負担制度が財源とされた。

　第1期学校事務職員については、下記に先行研究をまとめた図表2-2「第1期学校事務職員（参考）」を載せる。

図表 2 - 2　第 1 期学校事務職員（参考）

都道府県	学制期		教育令期	
	学制施行期	学制後期	教育令・改定教育令期	再改定教育令期
北海道				
青森県	学校係	学校掛		○河田
岩手県	学校係（磐井）、学校事務掛（岩手）、学校世話役（水沢）	学校事務掛		
宮城県		校務委員	校務委員、校務係	○金子
秋田県	学校雑務係	小学校世話人		
山形県	学校事務扱、学校事務取扱（山形）、学校事務掛（玉賜）、事務扱（山形）	学校世話人	世話掛,事務掛,学校世話係	
福島県	学校出納掛	学校係		
茨城県	学校世話役	学校世話役	学校世話役	○河田
栃木県	事務掛（橡木）、周旋ノ者（橡木）	校掌		
群馬県	学校保護役（群馬）、保護役（群馬）	学校保護役	校務係,校務掛,学務委員筆生	○金子
埼玉県	学校保護役（熊谷）、校務係（埼玉）			
千葉県	学校事務掛	公立小学校事務掛		
東京都	学校雑務係、学校支配人	校務委員	校務委員、小学校校務掛	○金子
神奈川県	世話掛	小学校世話役	世話役	
新潟県	世話掛（新潟）、生徒掛（相川）	学校世話係	小学校事務係、世話掛,事務係	
富山県	教育評議人（新川）			
石川県	元資金監調方	学区委員		○金子
福井県	小学世話方（敦賀）			○河田
山梨県	学校事務掛	学校幹事		○千葉
長野県	事務監事（筑摩）、世話人（筑摩）、学校執事（長野）、世話掛（長野）	学校執事、学校世話掛	学校世話掛、小学校事務係	
岐阜県	主者	小学校主者	小学校主者・監事・会計、学校幹事	
静岡県	幹事（浜松）、幹事試補（静岡）	小学校幹事		
愛知県	学区	学校係		
三重県	学校世話方（度会）、学校世話方（三重）	公立小学主者		○河田
滋賀県	保護役（滋賀）	学校保護係	○河田	

京都府		生徒世話掛	生徒世話掛	○金子
大阪府	学校世話掛（大阪）、周旋人（堺）	学校世話掛（大坂）、小学世話掛	世話掛、校務委員	
兵庫県	社主（兵庫）、世話掛（兵庫）	小学校世話掛	小学校世話掛、雑務掛り、小学校世話掛	
奈良県	学校世話掛			
和歌山県	学校世話係	小学世話掛		○千葉
鳥取県	小学保護人			○金子
島根県				○河田
岡山県		小学事務掛		
広島県		世話掛・学校世話掛	校務掛、学校世話掛	
山口県	学校世話掛	小学世話掛		
徳島県				
香川県				
愛媛県	学校世話掛	学区世話掛		○千葉
高知県	学校周旋係（高知）、小学周旋係（高知）	学校周旋係		○金子
福岡県	学校主者（福岡）、世話掛（福岡）、司籍主簿（小倉）、世話掛（小倉）	小学校主者		
佐賀県	看護（三潴）			○千葉
長崎県	学校世話掛			○金子
熊本県	学校用掛（白川）、校務係（熊本）	校務掛・校務委員	校務係、校務掛、学務委員、校務委員	○河田
大分県		学校世話掛（大坂）、小学世話掛		○河田
宮崎県				○河田
鹿児島県	世話掛	学校世話掛（大坂）、小学世話掛	世話掛	○河田
沖縄県				

出典、及び参照；
学制施行期：江上芳郎「『学制』施行期における地方教育行政制度とその実態との跛行」
学制末期；水野節夫「学校世話掛の研究」
教育令期・改正教育令期；水野節夫「学校世話掛の研究」
再改定教育令期；河田敦子「教育要求をめぐる国家と地域の関係史」にならい学事に関わる委員としてまとめる。なお、○名前は出典。

1 ）清原正義『学校事務職員制度の研究』第 1 章第 2 節「中学校等への『書記』の配置」学事出版、1997年
2 ）京都市教育委員会、京都市学校歴史博物館編『京都学校物語』京都通信社、2006年
3 ）学校制度の変遷は以下の通りである。1872（明治 5 ）年 9 月 5 日、学制を頒布。1873（明治 6 ）年 1 月17日、学区取締を置く。 2 月 9 日、学制中改正追加（ 1 中学校区人口13万人、 1 小学校区人口600人を基準とする）。1879（明治12）年 9 月29日、教育令公布。1880（明治13）年12月28日、教育令を改正公布。1886（明治19）年 8 月12日、教育令の再改正（地方教育費の節約）。1886（明治19）年 4 月 9 日、師範学校令、中学校令、小学校令（尋常小学校 4 年、高等小学校 4 年）を公布。1890（明治23）年10月 7 日、小学校令公布。1900（明治33）年 8 月20日、小学校令を改正。1903（明治36）年 3 月27日、小学校令を改正。1907（明治40）年 3 月21日、小学校令を改正（義務教育年限を 6 年。尋常小学校 6 年、高等小学校 2 ～ 3 年）。1913（大正 2 ）年 7 月16日、小学校令中改正。1919（大正 8 ）年 2 月 7 日、小学校令を改正。1926（大正15）年 4 月22日、小学校令改正。1941（昭和16）年 3 月 1 日、国民学校令公布。1947（昭和22）年 3 月31日、学校教育法公布。1948（昭和23）年 7 月15日、教育委員会法公布。1956（昭和31）年 6 月30日、地教行法公布。
4 ）松沢裕作『町村合併から生まれた日本近代』講談社、2013年
5 ）文部省『学制百年史　記述編』、『学制百年史　資料編』1972年10月。以下引用にあたっては、他の文献も現代仮名使いに変更。
6 ）学制第 8 章には、 1 中学区内に学区取締10名から12、 3 名を置く、 1 名に小学校区20或いは30を分けて持たせる、とあり、職務は就学督励、学校設立、学校保護、費用など一切の学務。第10章には学区取締はその土地の名望ある者を選ぶこと。戸長、里正等を兼ねてもよい。第11章では給料は土地の情態による。給料は「土地」から出すこと。やむを得ない場合は官より幾分助給することも妨げない、と記されている。
7 ）窪田祥宏「町村制と教育」『教育学雑誌』第 5 巻、1971年
8 ）埼玉県教育委員会『埼玉県教育史』第 3 巻第 3 章「学制」期の教育第 2 節教育行財政、1970年。以下、『埼玉県教育史』第 4 巻、第 5 巻も活用した。
9 ）仲新『明治初期の教育政策と地方への定着』講談社、1962年
10）門田見昌明・金子照基「『学制』下地方教育行財政制度成立過程に関する一考」『九州大学教育学部研究紀要』第 5 集、1958年
11）江上芳郎「『学制』施行期における地方教育行政制度とその実態と跛行」『東北大学教育学部研究年報』第 6 集、1958年
12）千葉正士『学区制度の研究』勁草書房、2003年
13）倉澤剛『教育令の研究』講談社、1975年
14）谷雅泰「教育令（明治12年）期の学務委員制度に関する研究」『東京大学教育学部紀要』第28集、1988年
15）水野節夫「学校世話係の研究—『自由教育令』期および『改正教育令期』の小学校の管理・運営の実態について」『中京大学教養論叢』30巻 3 号、1990年
16）国民教育研究所・「自由民権運動と教育」研究会編『自由民権運動と教育』草土文化、1984年
17）復刻月桂新誌刊行会『月桂新誌』1973年
18）開智学校沿革史編集委員会『開智学校沿革史』1965年
19）菊池寛『父帰る』1917年、初出『新思潮』 1 月号。『半自叙伝』1928年、初出『文藝春秋』 5 月号
20）河田敦子「市制町村制の成立過程における教育事務の国家化—学務委員消滅規定に関する条項の消滅過程—」『日本の教育史学』第 7 集、2004年
21）河田敦子「教育欲求をめぐる国家と地域の関係史—学務委員廃止後に設置された学事に関わる委員—」『人間発達研究』第28号、2005年。『近代日本地方教育行政制度の形成過程』風間書房、2011年

22）千葉正士『学区制度の研究』勁草書房、1962年

23）千葉正士『学区制度の研究』勁草書房、1962年

24）市川昭午「教育活動と学校事務の本質」『学校事務』1971年 4 月号～ 7 月号

25）加藤精三『市町村小学校教育費問題精義』南光堂、1918年

26）相澤英之『教育費―その諸課題』大蔵財務協会、1960年

27）軽井沢西部小学校記念誌編集委員会「百八年の歩み」1981年

28）軽井沢西部小学校記念誌編集委員会「百八年の歩み」1981年

学校事務職員（第2期）の出発（1940〜1955年）　第3章

年	教育	学校事務	国・地方自治
1945（S20）	10（月）. 文部省「新日本建築の教育方針」。GHQ「日本教育制度ニ対スル管理政策」指令	10. 戦災学校のため、工場、兵舎、寺院等の建物の利用通達	3. 学校授業 1 年間停止。5. 戦時教育令公布。9. 降伏文書調印
1946（S21）	3. 第 1 次米国教育使節団報告書。12. 教育刷新会議、義務教育 9 年制、教育委員会設置建議。11. 日本国憲法公布第26条教育、92条地方自治（1947.5.3施行）	3. 学校教育法第28条学校事務	11. 日本国憲法公布
1947（S22）	3. 教育基本法、学校教育法公布。4.63制義務教育開始（初年度予算約 8 億円）	3. 学校教育法第22条に、事務に従事すると規定	4. 地方自治法制定（都道府県職員を官吏から地方自治体公務員へ）。12. 内務省解体
1948（S23）	7. 教育委員会法公布。10. 第 1 回教育委員会選挙（投票率全国平均56.5%）	1. 公立中学校小学校及び幼稚園官制公布。小中学校に地方事務官。7. 教育委員会法に伴い、地方事務官は地方公務員に切り替わる。法第45条（事務局の職員）第 4 項「第 1 項及び第 2 項の職員並び学校の事務職員は、教育長の推薦により、教育委員会が、これを任命する。市町村立学校職員給与負担法成立（事務職員は地方公務員）。文部省通達「公立学校に於ける事務職員の級別決定について」	7. 地方財政法制定。公務員の争議行為禁止のマッカーサー書簡
1949（S24）	1. 教育公務員特例法公布		

年			
1950（S25）	11. 第2回教育委員選挙		5. 地方財政平衡交付金法。7. 地方税法制定。12. 地方公務員法制定。朝鮮戦争・朝鮮特需
1951（S26）	6. 産業教育振興法。11. 政令改正諮問委員会「教育制度の改革に関する答申」		9. サンフランシスコ平和条約。日米安全保障条約調印。農業委員会法制定
1952（S27）	10. 第3回教育委員選挙（全市町村参加）	8. 義務教育費国庫負担法公布、事務職員適用。11. 市町村教育委員会発足	2. 琉球教育法（教育税の賦課徴収）
1954（S29）	6. 教育2法、学校給食法、へき地教育振興法公布	6. 教育公務員特例法施行規則改正（校長選考資格に事務職員）	
1955（S30）	8. 女子教育職員の産前産後の休暇中における学校教育の正常な実施の確保に関する法公布		
1956（S31）	6. 地教行法公布（市町村教委教育長の任命に都道府県教委が関与）。10. 任命制教育委員会発足		6. 地方自治法改正（都道府県と市町村間の機能明確）。経済白書「もはや戦後ではない」
1957（S32）		12. 文部省「学校給食費の徴収、管理上の疑義について」	9. 都教委教育長通達小学校「事務職員の事務分掌について」（本島通達）
1958（S33）	4. 管理職手当法成立	4. 義務教育諸学校施設費国庫負担法公布。5. 義務標準法公布	1. 沖縄教育委員会法（公選制、教育税）

参考：文部省『学制百年史　資料』他

第1節

学校教育法成立過程から、学校事務職員を法制化した理由

◆ある学校事務職員の履歴書 ||||||||||||||||||||||||||||||||||||

　本格的な学校事務職員の出発点は、1947年に教育基本法と同時に検討されてきた学校教育法が制定され、その中に第28条第2項において事務職員が定められたことにある。戦前にも学校事務職員が地域的な特色、年代的な相違があるにしても広く設置されていたことから第1期学校事務職員とし、戦後を第2期とする。学校事務職員は、学校教育法、義務教育費国庫負担制度、教育委員会法・地教行法、標準定数法によって制度が形づくられてきた。

　戦後間もなく埼玉県浦和市（現・さいたま市浦和区）立学校事務職員となった、ある人物の履歴とその間の思いをつづった文章がある。図表3-1「戦後初期の埼玉県の、ある事務職員の履歴書」を見ながら文章を追ってほしい。

　「終戦により満鉄を自然退職となって、敗戦の母国に引き上げて来て学校事務職員に就職した。『昭和23年4月15日　地方事務官に任命する　三級に叙する　10号俸を給する（620円）　埼玉県浦和市立木崎小学校事務官に補する』」。

　「昭和23年1月28日、政令第20号『公立中学校小学校及び幼稚園官制』が制定公布され、第1条、公立中学校及び小学校に左の職員を置く、ただし特別の事由がある時は、地方事務官を置かないことができる。『校長、教諭、地方教官、地方事務官』。この政令によってはじめて中学校、小学校にも『地方事務官』が官吏として置かれるようになった。昭和22年3月31日、法律第26号により、学校教育法が制定されて、同法第8条3号の中に、校長資格として『教諭の1級免許状と、5年以上の学校事務職員の職にある者』と挙げられて、事務職員が校長になれる道が開かれ、新制中学校小学校が発足した後でも、地方事務官である。（校長に）事務職員をもってあてる道が開かれて、当時の校長が、朝の集会で伝達されたことを思い出す」。

図表3-1　戦後初期の埼玉県の、ある事務職員の履歴書

年月日	事項	発令庁
昭和23年4月15日	地方官に任命する　三級に叙する 10号給を給する（620円） 埼玉県浦和市立木崎小学校事務官に補する	埼玉県
昭和23年7月15日	昭和23年法律第170号に依り現にある級及び現に受ける号俸に相当する給料を以て埼玉県公立学校事務職員に任命され引き続き現にある職に相当する職に補せらる	
昭和32年4月1日	昭和32年埼玉県条例第31号の施行により職務の等級を事務職1等級に決定する 14号給を給する（21,400円）	

　「昭和23年7月15日、教育委員会法第66号により、任命権が教育委員会に移り、事務職員は官吏ではなくなり、条文の中に『学校の』という表現が付き、文官恩給法の適用からも除かれて、恩給支給資格も17年から3年伸びて、恩給条例適用が20年に変わって寂しさを感じた。それから半年の昭和24年1月12日、法律第1号により、教育公務員特例法が施行され、教員も公務員となり恩給条例が適用されるまで、教員も事務職員も待遇官吏として、同一の身分給与体系を受けていたのでその頃は毎日が楽しく、前途に明るい希望があった。

　学校事務職員を教特法適用職員にするため、昭和31年7月、日教組はこの闘争を全国的にくりひろげたが、文部省は最後までこれを拒否したので、この頃から教員と事務職員との間に、格差が甚だしくなって茨の道は益々けわしくなってきた」。

　「過ぎ去った20数年間の事務職員の仕事、この職に私は誇りを持って毎日を過ごしている。それは学校事務職員全般の仕事が好きだからである。自分が選んだ道だから努力して誰にも負けない事務職員になって、私は数多い難問題を解決していきたいものである」[1]。

　ここに出てくる地方事務官とは、戦前の都道府県は国の機関であり、主要な職員は知事をはじめ官吏であったことを戦後も引き継いだ制度である。戦後、地方自治法が制定され、学校事務職員も含めて都道府県の職員は地方公

務員となった。機関委任事務に従事する一部の職員については、国家公務員
の身分が存続した「地方事務官」であった。地方事務官の給与や経費は、全
額国の予算である。さまざまな職種が次第に転換し、2000年に制度が最終的
に廃止された。

　学校事務職員より教員が地方公務員となるのが遅れたのは、教員の制度設
計が遅れたためである。公立学校教員の身分は1946年 4 月に、「公立学校官
制」が制定され（国民学校は 6 月一部改正より）戦前の待遇官吏から官立学
校の教職員と同じく初めて官吏となったのである。1947年 5 月には地方自治
法施行に伴い教員は自治体の教育吏員とする建前に変わり、1948年10月の教
育委員会法発足で当該学校の設置者に属し、任命権はその教育委員会とされ
たが、いまだ暫定措置として官吏のままであった。1949年 1 月公布の特例法
（教育公務員特例法）によって、一般の公務員基準に基づきながらの特例処
置をとることになり現在に至っている。

　身分転換が学校事務職員と教員では時間差があった背景をみた。 1 人の学
校事務職員の経歴と感慨を呼び起こした戦後の学校事務職員の全体的な位置
づけの転変を次にみていきた。

◆戦後焼け跡の子どもと学校 ||||||||||||||||||||||||||||||||||||||

　戦中は、戦時体制に翻弄され、ほとんど自分たちの食糧確保と軍需物資生
産の無料奉仕に明け暮れて、子どもたちは教科書を開ける間もない日々が続
いていた。そこでは社会、家庭生活だけではなく学校教育も崩壊していた。
校舎も教育目的ではなく軍需目的が優先され、修繕する物資にも事欠き荒れ
放題の様相を呈していた。米軍の爆撃によって焼け、破壊された校舎も少な
くはなかった。戦災による学校施設の被害面積は、国・公・私立合わせて約
930万平方メートルにもなり、被災学校数は3,556校で、当時の保有面積の約
12％強に当たると推測されている。公立学校の被害は約686万平方メートル、
約200万人の児童、生徒が学ぶ教室を失った。

　戦後もこの状況は、しばらくは変わることはなかった。1945年度には国民
学校の児童生徒数は約1,280万人、教員数は約31万人。1949年には小中学校
の児童生徒数は約340万人増、教員数は約17万5,000人増の48万5,000人。

1951年には、教員が不足した結果、助教諭（無資格教員）が小学校の約23％、中学校では約10％を占めていた。

　戦後も、物資は切符によって購入する統制経済が続き、非合法の闇市が、池袋駅前など各地に出現した。1946年、非農家は5人家族で6日間に米1升2合、大豆、サツマイモ、大麦とわずかな配給により、飢餓状態となる。親の戦死、米軍の爆撃等により、家族を失い、住む家を失って「浮浪児」となった子どもたちは飢えた心と体を引きずって街をさまよっていた。戦災孤児は12万人もいたとされる。戦争は社会的な弱者に苛酷である。

　「青空教室」という露天の授業が行われていた。初等教育だけではなく前期中等教育も義務教育化され、中学校の校舎も新たに建築することが緊急に求められた。新制中学校は1946年に義務教育とされ、1947年度からは第1学年の義務就学が始まっている。1949年には全学年の義務就学が完成したが、当時二部三部授業をするもの2,268教室、講堂や屋内体育館を間切りしているもの3,342教室、廊下・昇降口・物置などを代用しているもの3,090教室、発足当時の教員充足率約81％であった[2]。

　1947年3月17日の教育基本法案委員会において社会党永井勝次郎は、敗戦後の国民学校の児童に対する設備、学用品、教科書等についていかなる施策があるのかと問うた。答弁に立った日高学校教育局長は、教科書さえ与えることができないという今日の状況は、まことに遺憾千万であるとの言葉を漏らしたのである。ついに言葉に詰まり「涙滂沱として下り、遂に発言する能はず、最後は声をあげて泣い」たのである[3]。このような社会、教育、国家財政状況を背景として教育関連法律が審議された。

◆戦後教育理念と学校事務職員 |||||||||||||||||||||||||||||||

　地方自治条項とともに教育条項の欠けた大日本帝国憲法は、民意が自分の子どもの教育に届かない体制であったのである。これは勅令という天皇の命令ひとつで、どうにでも教育がなるということである。教育内容や体制については命令で可能であるが、それを実現する財政は帝国議会を経なければ実現できない。命令は法律の下位にあることは、戦前でも常識である。決め手は、財政である。民意はなによりもまずお金である。

　戦前においても、教育をめぐる財源、例えば自治体制度が整ってもその財源不足は慢性的で、教員給与は欠配が繰り返された。学制当初では政府から扶助助成金が支出されていたがその多くは学校までたどり着かず、教員養成への経費に充当されていった。その補助金も1880年には廃止され、まったくの自治体予算で学校教育費を賄わなくてはならない時代が続いた。1890年には第 1 章で見てきたように小学校の事務は市町村への委任事務とされる。その経費も、もちろん自治体の自腹である。

　小学校の教員が市町村立学校の職員である以上は、市町村財政に応じた採用、待遇であるのが通常である。しかし、教育内容は国が決定していた。給与欠配、遅延が続いた教員の、待遇改善を国に求めるという本来であればお門違いの取組が全国化した。1896年に市町村立小学校教員年功加俸補助金法が国会を通過、公布され、徐々に拡充されていった。ついに1940年になって、戦争への総動員体制の一環として義務教育費国庫負担法が公布され、給与支払者が市町村から府県に移り、府県に国から約半分の予算がつく制度ができあがる。現在の教職員給与支給の方策が固まった。

　これによって、身分は市町村職員であっても、給与が都道府県から出たことで道府県職員になったかのような気になり、教員はますます国の事務である教育に邁進することになる。義務教育費国庫負担制度と学校事務職員の問題は別に述べるが、ここでは議会が定める法律によって財政に関することが決まることに注目したい。教育、学校での財政についての詳しい内容は拙著『学校財政』で述べている[4]。

　戦後、1946年11月 3 日に公布され、1947年 5 月 3 日に施行された日本国憲法の第26条に教育が、第92条に地方自治が書かれている。これによって議会が定める法律という民意の反映によって教育が行われるようになる。教育はここに初めて人々のものとなった。その教育を行うにあたっての理念、学校のあり方が1947年 3 月に公布された教育基本法と学校教育法によって法定されている。このことは戦前のように命令で学校教育が行われることは異常であり、民意を反映する法律によって運営されることが重要であることを認識させられる。その学校教育法に新規に登場した学校事務職員は、日本国憲法、教育基本法、学校教育法の当初の願いが籠った職種であった。

◆学校教育法における教職員の範囲 ‖‖‖‖‖‖‖‖‖‖‖‖‖‖‖‖‖‖‖‖‖‖‖

　国民学校令における教職員の範囲をまずみてみよう。小学校令（明治33年勅令第344号）では、校長は、「第43条　市町村立小学校長ハ其ノ学校ノ本科正教員ヲシテ之ヲ兼ネシムヘシ」と記されていて、本科正教員が兼ねるものとされていた。国民学校令（昭和16年3月1日勅令第148号）では、第4章（第15条〜第23条）において職員として、校長、教頭、訓導、養護訓導、準訓導が定められている。校長は訓導の中から補任するとされ、その職は「学校長は地方長官の命を受け校務を掌理し所属職員を監督す」るものであるとされている。教頭も訓導から補任するものとし、「校長を補佐し校務を掌る」職とされた。訓導は校長の命を受けて児童の教育を掌る職である。特別の事情がある場合には地方長官は教員免許状を持たぬ者に準訓導の職務を行わせることができた（第19条）。

　学校教育法（1948年3月31日法律第26号）は、多くの規定が国民学校令を引き継いでいる。戦前戦後の断絶は少ない。その中で、いくつかの項目が相違している。

　第28条「小学校には、校長、教諭、養護教諭及び事務職員を置かなければならない。但し、特別の事情のあるときは、事務職員を置かないことができる」。「小学校には、前項の外、助教諭その他必要な職員を置くことができる」とし、「校務を掌る」教頭を削除している。

　校長は、「校務を掌り、所属職員を監督する」と記されていて、国民学校令にあった「地方長官の命を受け」が削除されている。国民学校令にあった訓導は教諭に変更され、「校長の命を受け」が削除されている。国民学校令になかった新たな職として事務職員が置かれ、「事務に従事する」職とされた。中学校は第40条により小学校の条文を準用する。

　先行研究[5]によれば、学校教育法は1946年8月22日の文部省学校教育局作成の「学校教育法要綱案」に始まる。最初の案では、教職員は学校長と教師とが載せられていた。同じく1946年10月27日の学校教育法要綱案において、全12章61項と学校教育法の原型が整った。ここでは学校長、訓導、養護訓導が職員として載せられている。次に1946年12月24日付の学校教育法要綱案は

10章附則128項と項数が前回の要綱案より倍増した。その第19項に学校長、教師、養護教師とともに初めて事務職員が記載された。「事務職員は学校長の命を受け事務に従事する」とされている。教育刷新委員会の第1回建議が1946年12月27日に行われ、これを受けて12月28日に部分的な変更を行った学校教育法要綱案（10章附則121項）がつくられた。その後は、第92回帝国議会に学校教育法案を提出するための内閣法制局、連合国総司令部幕僚部部局CIE（Civil Information and Educational Section、民間情報教育局）との折衝が行われ修正が繰り返されたが、事務職員はそのまま法案に載せられている。

　この12月案の評価は、「総じて六三三四制の学校体系面や高等学校の普通教育の義務制の採用などに見られるように、教刷委の建議の内容を忠実に反映していた点で特徴的ではある。しかし立法技術面では、条文整理の過程で旧法令の継承に見られるように、従来の国の学校監督権を温存しようとしており、教育を国の事務とする文部省の伝統的教育行政観が抜きがたいものがあったことを示唆している」[6]とされている。

　学校事務職員の規定に関しては、1967年1月17日の学校教育法案以降は「事務職員は、事務に従事する」と記され、校長の命を受けが削除されている[7]。これは、他の職員に関しても同様である。例えば、教諭に関して、12月24日案では「教師は学校長の命を受け、子女の教育を掌る」であったのを、1月17日案では「教諭は、児童の教育を掌る」となっている。

◆教育行政の専門性の重視 ||||||||||||||||||||||||||||||||||||||

　教育行政の専門性重視は、アメリカの教育委員会の直輸入である戦後の教育行政組織の考え方の中に見受けられる。校長、教育長、学校事務職員の場合を取り上げる。

〈校長の場合〉

　先に見たように校長は、国民学校令では訓導の中から補任されるのであって、教育行政上の独自な職としては位置づけられていなかった。いわば教員の上席の職である。

　戦後は上述の学校制度の根本的な改革を断行するために、校長の教育行政

上の確立が図られた。それは、独自の免許を構想することともつながっていた[8]。

　学校教育法第 8 条には、「校長及び教員の免許状その他の資格に関する事項は、監督庁がこれを定める」と記され、教員免許とは別の校長免許が必要との考えが示されていた。学校教育法施行規則（1947年 5 月23日）第 8 条第 1 項において、「校長（学長は除く。）は、校長免許状を有するものでなければならない」と規定された。実際に校長免許状の規定が定められたのは1949年 5 月22日に可決成立し、 9 月 1 日より施行された教育職員免許法によってであった。

　校長免許状には一級と二級とがあり、基準資格として、「学士の称号を有し、又は教員の一級普通免許状の授与を受ける資格を有すること」。そして、教育職員または官公庁もしくは私立学校における教育事務に関する職を一級 6 年、二級 3 年在職。大学における教職に関する科目についての最低取得単位数一級45、二級30である。このような単位数が必要な理由として、玖村敏雄は、「校長及び教育長は、教育行政官として、その準備教育としては、学校教育、社会教育、教育行政、教育財政等に関する教養を具えることが必要であり、これらを充足するためには、この程度の単位が必要と考えられたのである」[9]と記している。

　教員の職の延長としての校長や教育長ではなく、教育行政の専門職員としての独自性が主張され、その教養としての単位が必要とされた。しかし、校長免許状制度は、1954年の免許法改正によって削除される。教育行政組織の一環である学校において、教育行政の専門性は必要不可欠である。しかし、この点の軽視が長年続き、学校管理・運営の確立が不十分な傾向はいまだ続いている。

〈教育長の場合〉

　教育長は戦後に置かれた新たな教育行政の専門職員である。

　教育長に関しては、教育委員会法に資格が定められていた。第41条第 2 項「教育長、別に教育職員の免許に関して規定する法律の定める教育職員の免許状を有する者のうちから、教育委員会が、これを任命する」。

　教育職員免許状の中身については、1949年の免許法に定められている。教

育長には一級、二級普通免許状があり、校長と同様「学士の称号を有し、又は教員の一級普通免許状の授与を受ける資格を有すること」。そして、教育職員または官公庁もしくは私立学校における教育事務に関する職を一級5年、二級3年在職。大学における教職に関する科目についての最低取得単位数一級45、二級30である。

　しかし、教育職員免許法が制定されるまでの暫定資格が以下のように定められたため、なし崩し的な制度崩壊がおきた。教育委員会法第78条、ならびに同法施行令第13条により、「一年以上、校長の職にあった者」「一年以上、視学官又は視学の職にあった者」「1年以上、1級または2級の官吏又は吏員の職にあって、教育の職務又は教育に関する事務に従事した者」「5年以上、3級の官吏又は吏員の職にあって教員の職務又は事務に従事した者」「その他、市町村立又は私立の学校の事務職員で教育に関する事務に従事した者、市町村の吏員の職にあって教育に関する事務に従事した者又は私立の学校の教員で、それぞれの職務の内容に応じて、文部大臣の定める在職年数を有する者」で、別に文部大臣の定める講習を修了したものとされた。なお、免許法が施行されても、仮免許状の制度も存在した。また、備考において、「この表中校長及び教育長の免許状の所得資格中、教育職員又は官公庁若しくは私立学校における教育事務に関する職員としての在職年数には、教育長の免許状にあっては1年以上の教員としての在職年数を含むことを要する。但し、当分の間、教育長の免許状の場合には、教員としての在職年数を要しない」と記されている。

　教育委員会法では、教育長を助役が兼任することも認めていた。「教育長設置形態市町村教育委員会数」では、1953年4月1日現在の市町村教育委員は、総数9,373のうち、専任2,214、兼任1,737、併職1,215、事務取扱4,207となり、有資格教育長は55％であった。

　講習（The institute For Education Readership；IFEL）は1948年から1950年にかけて実施され、受講者は1,750名であった。文部省令「教育長講習会規程」（1948年11月16日）によれば教育長の暫定資格を与えるために講習科目は、「教育原理、教育の社会的基礎、教育心理、学校教育の原理と指導、教育行政、教育財政、社会教育、教育調査及び教育評価」の8項目であった。

教育委員会法の教育委員会は財政について現在に比べて大きな権限があったのであるから、「教育財政」が入っていることは理にかなっていた。

　現職の教育長を行いながら夜間の大学院で学んだ安井克彦は、教育委員会法時代の教育長の分析を通して、「教育長職がいかに大事なものであるかがわかる」として、「今後、教育長職は、やはり、教育長免許状のようなものが必要と思われる。大学院で、教育学をはじめ、教育行財政を学び、一般の行政官と異なる、高い次元で、教育を見る目が欲しい」[10]と結んでいる。

　教育行政は一般の教員免許状を持っているからといってできるわけもなく、教育行政の専門職が必要であるとの認識があったのである。これはアメリカの教育行政制度と同様である。しかし、地域住民の民主的な運営のための公選制教育委員会制度と同様に、この制度導入は潰え去った。

〈学校事務職員の場合〉

　学校事務職員が学校の「事務職員」として新規に加わったのも、教育行政を学校で担う職種がいることが合理的であると考えたからであろう。このような教育行政の専門職員を求めた新たな教育行政制度への模索として、理解すべきなのである。学校事務職員を学校に設置した背景、経緯を以下で検討する。

◆学校教育法に学校事務職員を規定した経緯等についての検討 ||||||||||||||||||||||||||||||||||||||||||||||||||||||||||||||||||||||||

　学校事務で使う「事務」とは、どんな意味があるのか。

　『逐条　学校教育法』[11]では、小学校の規定関連に関して以下のように記述している。

　「第14条関係─事務職員。「事務」とは、校長、教員の職務遂行を円滑ならしめるために必要な諸々の仕事であり、人事事務、会計事務、施設管理などが挙げられる。公立学校の場合、地方公共団体の出納長、収入役の権限に属する会計事務について、吏員に併任された上で、出納員を命ぜられ、委任を受けた会計事務を処理したり（支出負担行為の確認など）、会計職員を命ぜられて会計事務を処理している（地方自治法第171条）」と、事務という言葉についての意味を定義している。

　学校教育法制定時の文部省庶務課長であった内藤誉三郎は『學校教育法解説』[12]を1947年に著している。そこでは、「第28条は小学校の職員について規定したものである。国民学校令第15条と異なり注目しなければならない点は事務職員を規定したことである。国民学校において、教員が学校に関する処務に忙殺され、その担当する教育の成果を充分に挙げ得なかったような実情に対処するため、特に事務に従事する職員を置こうとしたものである。しかし、予算上の措置も考慮して、第28条第 1 項但書の規定を置いたのである」と語っていた。

　この内藤の解説はよく引用されるが、引用する場合には慎重であるべきだ。教員が忙殺された「処務」とはいったい何を指していたのだろうか。そこを考えないと通俗的な理解に終わる。戦前の第 1 期学校事務職員の存在を踏まえて、教育行政の中での学校という視点をもたないと、考えに校務分掌程度の校内事務処理しか射程に入ってこない。教育の専門性と教育行政の専門性の相違を踏まえた論議が必要である。

　第 2 章で紹介したように、市川昭午が、戦後に学校事務職員を設置したことについて、「学校規模が大きくなり、しかも事務量が増大し、事務機能が複雑になったことにより、さらに義務教育学校教員の地位が相対的に上昇し（訓導から教諭に名称が変更されたのもこれを象徴する）大学・高校教員との給与格差も縮小したこと、従って古参教員、特に教頭等を狭義学校事務に従事させるのは不経済となったことが、より大きな原因である」と述べている。この見解では、教頭の業務を学校事務職員が代わると想定したのだろうか。

　同時に、文部省学校教育局編『新制中学校、新制高等学校—望ましい運営の指針』（1949年）等を引用した近代的学校確立論に対しても次のように、市川昭午は疑義を呈していた。学校経営管理には巨額の経費がかかることを無視した説明は「いささか観念すぎる」とする。このように戦後学校事務職員の設置は「学校経営における経済効率の見地からなされたとみるほうが妥当性をもつと考えられる」と結論づけている[13]。

　さらに踏み込んだ分析をする。市川昭午は学校事務職員が置かれても教員の事務負担は軽減されていないと述べる。これには現在の教員の働き方改革

へのアプローチにも通じる問題提起が含まれている。一般教員が扱っている事務は主として学級事務と教務であり、現状では学級事務はもちろん教務関係事務にもほとんど関係していない。こうして学校事務職員の存在を明確に以下のように規定する。

「少なくともわが国では学校に事務職員がおかれるようになったのは、教員の仕事を補助するためなのではなく、学校管理機関の事務を補助するためなのである。事務量が増大し、複雑化した結果、これを処理する専任者を学校に派遣せざるを得なくなったからにすぎない。

学校の事務職員は『学校において事務に従事する職員』ではあるが、必ずしも学校における事務に従事する職員ではない。その事務の内容はむろん何等かの意味で学校に関するものであるが、学校固有の事務ではない。従ってそれは教育活動に間接的には関係するが、むしろ、学校管理機関とであり、彼等は学校駐在の事務職員に他ならない」と。そして教員と事務職員は戦前から「本来別箇の体系」であり、この分離体制は戦後も継承されてきた。「学長及び校長は教員だけではなく（教育公務員特例法第 2 条 2）、学校の事務職員や文部省の事務官、教委の事務吏員でも校長になることは可能である（学校教育法施行規則第 8 条 3 及び 8）。大学の厚生補導関係の部課長も同様である」。

ただし、大学では「教授研究の補助その他に関する事務に従事する」教務職員の制度が設けられている（国立学校設置法施行規則第 1 条 3 及び 5）。が、十分な教授活動ができないために少ない人数であり極端に科学研究費で補助者を雇い、教授のポケットマネーで秘書を使っている。「それは小中高校に市町村支弁や PTA 負担の事務職員が置かれていると同じである」とも語る[14]。市町村支弁は、ポケットマネー雇用秘書と同じではない。

言いたいことは、学校教育法に載る学校事務職員は学校管理機関から派遣された「学校に駐在の事務職員」であるという一点である。ただし、教務の補助者もいるが、それは市町村支弁、あるいは PTA 雇用の形態の事務職員である、とする。

この市川論文は、掲載された1971年当時に相当の反発があった。学校に駐在する事務職員という表現は、挑発的な表現であった。しかし、なぜか校長

も管理職として学校に駐在する行政職員、との表現をしてはいない。さらに、学校の役割である教育機会の平等をタテマエとせず実質化することや、地域住民の民意を学校現場でどのように受け止めるのかについては言及しない論文の論調は、学校事務職員を一層いらだたせた。時代状況を踏まえて読むと、1972年の給特法が学校事務職員に適用されないことを了承させる土俵づくりの効果をもつ論文と受け止められたのである。

　「学校事務職員は教育的価値形成とは無縁とみなされ、行政機関の下請け職員、『学校駐在員』にすぎないとされて、行政部門に系列化されてきた」とする趣旨の論文である、と、ある学校事務職員は反発していた。そこで、教育的価値として例示されているのは教育活動と一体化したきめの細かな教材・教具・施設の取組だけでなく、「交通安全のためヘルメットと夜行ダスキを公費支給」させたりすることである[15]。このような取組は重要である。もっとも、行政系列の学校の駐在員だから、学用品等の公費化に効果を上げられないわけではないだろう。なお、市川昭午は行政機関の下請け職員とはいっていない。行政機関の下請けという表現は、逆に教員の下請けでよいのかという反論を用意するし、また学校は教育行政機関ではないのかという疑問も湧く。

　それでは、学校駐在員とみるときに、どこから派遣された駐在員なのかが明確ではない。学校管理機関である教育委員会・事務局が首長部局とは分離されている意味は何かが問われることになるし、市町村教育委員会と都道府県教育委員会との関係もここでは明瞭ではない。

　順次、解明をしていきたいが、ここでは学校教育法に（学校の）事務職員が新規に載った理由を探るだけにしよう。「教員が学校に関する処務に忙殺され」ていることから学校の事務職員を設置したという、内藤誉三郎が述べたことで定説扱いされている言辞を、鵜呑みにしてしてはならない。教員の多忙化が声高に言われる昨今だからこそ、市川昭午が分析をしているように「処務」の中身こそが問われなければならない。

　他方で、財政的な問題だけなら一般的すぎ、何に対してもいえる。財政問題だけではなく、教育行政の専門職員は新たな地方自治に立った教育行政制度に必要であり、その一環で学校事務職員の存在を必要としたのである。た

しかに地方自治は教育行政事務の事務量を増加させたであろうが、それは質の転換に伴う事務量増であったのである。子どもを戦場に送り出した戦前のように国家意思を体現した教員の判断で教育が行われるのではなく、地域ごとの民意に基づいて行うのであれば、意思決定の仕組みや財源確保、執行は複雑になる。特に財源確保とその執行のあり方は、戦後改革の重要な要素の一つであり、場合によっては以下に述べるように最大の課題であった。

◆教育委員会—財政の自立なくして、教育の自立はない ||||||

　教育委員会とはどのような性格のものなのか。独任制ではなく協議制の行政委員会であることである。この特徴は公選制から任命制に変わっても続いている制度である。

　阿利莫二は、以下のように説明している。合議制官庁は16世紀以来の本来の行政官庁の一般的な官僚システムである。19世紀に入って独任制の行政機関ができた。それは世界史的に見ても百年そこそこしか経ていない。イギリスなどのローカルカウンシルのコミュニティ、要するに議会の委員会、立法機関の一部であり、同時に、これ自体が執行機関になる。行政委員会はその制度を引き継ぎ、議会からも首長からも独立性をもち、準司法的、準立法的な政策的裁量権をもつものである。日本の場合は、行政委員会が諮問委員会のようでありレイマン（素人）コントロールになっていない。技術的、実際的なことの処理ではなく利害代表間の調整など大枠で基本的なことを考えるべきだ、と[16]。

　公選制で複数を選ぶ場合の利点は、少数意見や異なる利害代表を選ぶことができる点である。独任制より執行の迅速さは及ばないが、さまざまな意見を反映させる点では大きな意義がある。特に教育に関してはさまざまな意見があることから、調整による合意形成が問題解決に至る近道である。日本の教育委員会制度はアメリカから直接もたらされた。アメリカの教育委員会制度に日本が触れたのは、初めてのことではないことはすでに述べた。教育令によって導入された公選制の学務委員はアメリカの制度を導入したものである。アメリカの教育委員会の枠組みも、もともとはイギリスの合議制官庁の流れの中にある。1988年、サッチャー政権の教育改革法成立以前の地方教育

当局（Local Education Authority）もイギリスの伝統的な行政制度の中にあった。

旧教育基本法第10条（教育行政）には、「教育は、不当な支配に服することなく、国民全体に対し直接に責任を負って行われるべきものである。第 2 項　教育行政は、この自覚のもとに、教育の目的を遂行するに必要な諸条件の整備確立を目標として行われなければならない」と記されていた。

教育は国民全体に対し直接に責任を負って行われるべき、と上述のように規定した教育基本法ができた翌年の1948年に教育委員会法が公布された。教育委員会法第 1 条は民意に基づく教育行政がうたわれた。教育行政の一般行政や議会からの独立が理想として掲げられた。その年には何の準備期間もおくことなく第 1 回の教育委員の選挙が強行された。

戦後、アメリカで実施していた教育委員会をベースにした特殊な教育行政組織が再びもち込まれた。それは一般には天皇制教学を支えてきた文部官僚や学校の教職員に対して、地方自治に基づく教育行政組織を導入することで転換を図ろうとしたものであるとされている。その側面がないとは言えないが、それなら文部省を内務省同様に解体して、地方だけではなく国レベルでも教育委員会を制度設計する必要もあった（もっとも、当時の連邦国家アメリカには文部省に当たる機関はなかった）。日本にもち込まれた教育委員会制度は、民意に基づくことから公選制は柱の一つとされた。同様に重要な柱である教育税の徴収はされず、議会への予算案上程では、二本立てという不思議な制度にすり替えられ、独自の権限は与えられなかった。

教育の独立には財政の独立が必要という原則がないままの日本の教育行政制度は、早晩破たんする運命にあったといえる。事実、以下に述べるように教育委員会を積極的に受け入れた市町村の多くで新制中学校建設という焦眉の課題を前にして、財政拡充、独自裁量の期待が強く見受けられたのである。

アメリカ占領下に27年間も置かれた沖縄にあっては、1952年の琉球教育法（米国民政府布告第66号）、1958年の教育 4 法の一つである教育委員会法によって公選制教育委員会のもと教育税が賦課徴収された。賦課徴収にあたっての説明では、「これまで、PTA 学校後援会や部落会が、いろいろな名義で負担していた公金を住民全部が平等に分担して教育税を独立させるのである

から、その分市町村民税は少なくなる。従って増税にはならない」と啓発した。教育税の納税率は、市町村税に比べて一貫して高かった[17]。

　教育委員会制度とその中で位置づけることができる戦後の学校事務職員は、戦後の教育行政制度の新たな試みである。それとともに、学制期の学区取締や教育令期以降の学務委員の変質過程、その中でつくられていた第1期学校事務職員の継承性という側面も併せもつものであった。教委育委員会制度を考える場合に、学務委員は変質していようとも学校教育法制定以前まで存在していた事実を無視することはできない。

◆悲壮な覚悟で受け止めた自治体 ||||||||||||||||||||||||||||||||

　教育委員会法は、1948年7月15日に公布・施行された。同法第7条により教育委員は公選制をとることになり、都道府県及び5大市については必置とされたが、5大市以外の市町村は任意とされた。第1回目の教育委員選挙が実施された。投票率はよくはなかった。それは戦前の公選制学務委員の選挙と同じ傾向である。今回は準備不足である。

　この教育委員会制度実施にあたっての二つの負の要因を挙げているのは、全国市町村教育委員会連合会である。その一つ目は、「この教育委員会制度は、昨22年から半歳にわたりきわめて秘密裏に起草させられ、法案が国会に上程されるまでは、国民の前に全貌を現わさなかった。それが僅々1か月の審議で7月初旬、閉会まぎわのきわどいところで大巾修正をうけてどうにか成立したものである。しかも、それから3か月たつかたたぬかのうちに、10月5日にはもう委員の選挙、そして11月1日には新発足という何ともあわただしいことだった。（略）こうしたスタートをきったことに、やがて教委制の将来を運命づける要因の一つがひそんでいた」と、決定過程が国民に共有されることなく始まった不幸を述べている[18]。

　国民の民主主義の受容の未熟という論議があるが、それは不遜な話である。意思決定過程を、占領軍、有識者、官僚、国会議員のみが独占すれば、受け入れる素地がつくられるはずもない。それは、必然のことではないか。

　第1回教育委員選挙において、任意設置に手を挙げたのは、21市16町9村であった。それぞれの地方自治体が率先して新制度を受け入れるには、それ

相応の覚悟と見通しとがあったことであろう。

　21市16町9村は以下の通りである。記憶に留めるために、特に記しておきたい。

　兵庫県西宮市、同伊丹市、同相生市、同三木町、同加古川町、同鳴尾村、大阪府堺市、同岸和田市、滋賀県大津市、同彦根市、同長浜市、和歌山県白浜町、福井県粟田部町、同上池田村、石川県小松市、同七尾市、同輪島町、富山県富山市、同高岡市、同石動町、同上市町、同滑川町、同雄山町、同出町町、同福野町、同氷見町、同加積村、同釜ヶ瀬村、同西太美村、同松澤村、同南谷村、同水島村、岐阜県大垣市、同多治見市、愛知県一宮市、同半田市、静岡県清水市、同富士宮市、新潟県青海町、千葉県千葉市、同野田町、埼玉県浦和市、同川口市、同桶川町、同朝霞町、山梨県増富村。

　そして1950年の第2回選挙のおりには広島県広島市、兵庫県加古川市、同芦屋市、岐阜県岐阜市、同高山市、三重県桑名市、静岡県静岡市、同吉原市、同磐田市、神奈川県川崎市、東京都八王子市、立川市、千葉県船橋市、宮城県仙台市の15市が加わったのである。

　1952年、第3回の選挙のおりには市町村必置であり、9,953教育委員会の規模で実施された。任意制教育委員会期は、したがって、1948年に始まり1952年までの3年間となる。この時期に積極的に教育委員会制度を始めた自治体には、その地域なりの背景があったのであろう。背景のひとつとして挙げられるのは、上述の実施市町村の偏りからも分かるように、占領軍軍政部の各方面の相違である。近畿、東海・北陸、関東軍政部地域に、任意制教育委員会が集中している。軍政部からの働きかけとともに、これを主体的に受け止めたそれぞれの地域的な理由も存在する。

　全国市町村教育委員会連合会は、二つ目の要素に関して、当時の悲壮な覚悟を次のように述べている。

　「こうした環境に出発したわれわれ教育委員会は、教育支出の聖旗を高くかざして敗戦日本救い出しの教育行進をつづけなければならなかった。それ

には余りにも国の教育財政が貧困であり、それにもまして地方財政は窮乏していた。あまつさえ肝心な教育委員会には、財政的な義務付けがない。しかし、六三制が、祖国日本再建の鍵であるからには、教育委員たるもの、いかなる困難にも堪え、当たって砕けろの悲壮な決意を固めて断乎貫きぬけねばならなかった。たとえ米国教育使節団の勧告による待てしばしのない制度実施であったにせよ、戦後のこうした状況下に、しかも何の財政の措置もなく、まずまず教育の民主化の第一歩からすべり出したことが、これまた、教委制度の将来を運命づける大きな第2の要因となった」とも語る[19]。

　教育委員会を使い勝手のよい新規の制度として活用しようとする意図はあったとしても、首長部局に相対的に自立した政治的中立性を理念とした行政委員会としての観念的な価値への考察はみられない。国には中立的な教育委員会は設置しないのに、地方にだけ設置する場合の「中立性」の底の浅さは、感じとれるはずのものである。

◆川口プランと任意制教育委員会 ||||||||||||||||||||||||||||||||||

　教育委員会制度等の地方自治に基づく教育の導入の動きは、1940年代後半に、地域に密着した教育課程の自主編成の機運を呼び起こした。社会科を中心としたコアカリキュラムによる地域教育計画である。大田堯が関わった広島県本郷町の「本郷プラン」。千葉県館山市立北条小学校の「北条プラン」。と、ともに埼玉県川口市でも梅根悟らが関わった「川口プラン」が作成された。500名の教員と、市内の2万人の子どもたちによって、川口市内の地域社会の調査が市民の地域ぐるみの協力を得て実施された。その基礎資料に基づいて社会科等の学習がプランニングされた。

　埼玉県では、浦和市、朝霞町、桶川町とともに川口市でも任意制教育委員会の導入を試みた[20]。ここでは、地域の教育を先駆的に構想した川口市の事例によって、中学校建設の苦難とそれを乗り越える住民意思を評価したい。まず埼玉県下の教育行政をめぐる当時の状況を明らかにすることから始めたい。

　文部省は、1947年2月17日、「新学校制度実施準備に関する件」「新学校制度実施準備の案内」を出し、市区町村、郡、都道府県に「新学制実施準備

会」の設置を促がした。これに応じて各地で準備が始められた。埼玉県では県教育審議会に諮って市町村六三制準備委員会（後の新学制準備委員会）を設置、あわせて市町村でも準備のための協議会がもたれた。その中には、熊谷市や川越市のように文部省の指導以前に動き出した地域もある。それは六三制準備のためだけではなく、市民参加による教育民主化の一環であった。「熊谷市の場合、2月に入ると、審議会の答申により9名の六・三制実施に関する専門委員会が委嘱され、また校長・市議会議員・父母代表およそ50名からなる『六・三制施行準備打ち合わせ会』も開催された」[21]ような事例も存在する。このような市民参加の中には、社会科の新設に象徴される新しい学習内容への課題に向かうのではなく、学校施設環境整備への財政的な支援組織に転化した場合もある。各地では、寄付金捻出に関するトラブルが多発した[22]。

　1947年4月1日に六三制が始まったが、その前日に教育基本法とともに制定された学校教育法により、公立義務教育の学校設置者とされたのは市町村であり、原則として学校職員給与費、及び学校施設の設置、保全は市町村の責任とされ、そのうち例外として、教員給与は従前の通り都道府県の負担、国による半額負担が示されていたのである。が、六三制学校建築に関しては丸ごと市町村の財政負担となっていた。1947年度では新制中学校建築費国庫補助金補正予算7億円がついたのみであり、戦時中に補修もされず老朽化した小学校の校舎への増改築の国庫補助はついてはいなかった。

　学校建築費捻出に関しては、さまざま手法が検討された。地方税を基本として、起債や郵便貯金の見返りの融資、あるいは出資金方式などが用いられた。最も盛んに使われたのは強制的な寄付である。シャウプ勧告で、強制的な寄付は実質的な「税」であると言われた[23]。いわば、教育税である。また、手法の一つには、「教育施設宝くじ」がある。いち早く茨城県では1947年12月には「学校建設」のための宝くじが発行されたが、埼玉県でも1948年12月に「六三制」のための宝くじが発行されている[24]。

　1948年7月15日、教育委員会法が公布され、10月5日の第1回埼玉県教育委員と任意設置の4教育委員の選挙が行われた。

　川口市も他の市町村と同様に六三制実施では、学校建設で悩まされること

になった。1947年 8 月22日の市議会では、新制中学校施設問題について審議
があり、小学校の建築を優先し、中学校は次に考慮すべきだという意見など
が厳しく出されている。助役はその中で、「捻出方法ノ具体的ニハ未定ナル
旨ヲ述べ、昭和 9 年10月頃ノ物価水準ニ65倍ノ値ヲ目下ノ公定ノ考エタク、
コレト比較シ当時ノ戸数割十六円五十銭ノ課税ニ対スルニ千六百五十円ノ負
担シ得ル見込ミト一部ノ寄付ソノ他三角籤等ノ利用方法等ニ付イテ説明」を
している。財源としては、戸数割の課税と寄付や宝くじが想定されていたの
である[25]。

　このような厳しい教育財政の中、川口市も教育委員会制度を選びとった。
そして、高らかに運営方針を宣言した。1949年 3 月制定の「川口市教育委員
会運営方針」は、次の 3 つを掲げている。 1 つ、「委員会は市民の福祉を目
途として運営せられる」、 2 つ、「委員会は良き市民の養成を以て至上の任務
とする」、 3 つ、「委員会は全市民によって市の教育を推進する」。次いで 7
項目の実施の要綱が定められ、「一、良き市民の内容と教育の方法について
広く深い研究がなされなければならない」「二、全市民の手による教育の新
しい体系が樹立されねばならない」など、川口プランを研究実践している地
域ならではの意気込みを感じさせる。また六三制建築との関係では、「五、
設備の充実にはたゆまぬ努力が必要でありその活用と保全には不断の注意が
払われなければならない」という項目が注目される。さらに、「運行の要
諦」が示され、「委員会は公正な輿論を傾聴する」などの 5 項目が示されて
いる。この運営方針を解題した「川口市教育委員会運営方針制定に関して」
によれば、「二、全市民の手による教育の気運は委員会法に先だって、本市
では早くから動いていた。今や名実共に本格化されねばならならぬことに
なったのである。教育の場学校から大きく踏みだして実生活の全域に広がり、
あらゆる団体、あらゆる業者、あらゆる家庭、あらゆる個人は一面教育者の
責を負わねばならない。此の教育の体系組織と言うものはまだ日本にはでき
ていない。全国にさきがけて委員会法を実施する本市の最大の任務は此処に
ある」と、高らかにうたわれている。

　一部名望家ではなく市民全体の取組であることの自信をうかがわせる。さ
らに、学校施設環境に関しては「五、施設の充実は今後相当永きに亘って市

の負担せねばならぬ大事業である。それも並大抵の努力で及ばぬことである。時には自ら土を運び槌を振うことも覚悟せねばならぬしまたかくして出来上がった営造物なり設備なりはその活用と保全とに充分注意せねばならぬことは当然である。それは学校だけでできることではない」と、問題点を正確に言い当てている。教育財政を市民が支えるものとして、川口市六三制施設期成組合が1948年 1 月20日に創立されていた。規約では、総額5,000万円の出資金を募り、年利 4 歩の利子、 2 年間の据置の後10か年間還付する方式が示されている。目標には及ばなかったが3,100万円が集まり、小中学校合わせて 9 校の建築が完成した[26]。出資金方式による募金が効を奏したのであった。

　初めての選挙には 8 名が立候補し、高木起作（医師）、大熊武右衛門（味噌醸造業）、名古屋碇治（工場長）、安達本識（僧侶）が当選し、市議会からは倉下與一（鋳物業）が選ばれている。地方の識者とともに地場産業の色彩が濃い川口市教育委員会は1948年10月25日から始まった[27]。任意制教育委員会の中でも、教育理念を掲げた特異な教育委員会としては川口市以外にはないのではないだろうか。そして、乏しい市財政を補ったのが川口市六三制施設期成組合による出資金である。

　浦和市（現さいたま市）も川口市と同様の施設期成組合方式により2,000万円が確保された。

　「六・三制の発足から完成にいたる三ヶ年については、（略）市財政が未曾有の危機に瀕したなかで、 2 月に至るまで10回余（最終的には1947年度11回、48年度14回、49年度10回提案されている）におよぶ補正を繰り返し、その大半が六・三制遂行のための施設・設備整備等の教育費であったことを、当初予算と 2 月補正までの累計額が市総予算に占める割合の変化からも知ることができる。

　また、当初予算と 2 月補正計を比較すると、1947年度13倍、48年度 9 倍に達しており、いかにインフレの進行がすさまじかったかを物語っている。

　なお、1949年度の同比較が1.1倍と激変したのは、インフレの鎮静化もあるが、文部省により47年度 7 億円、48年度70億円計上されていた中学校建設補助金が、超均衡予算政策のため六・三制施設予算が全面削除されたための影響である。浦和市もこの補助金を予定した六・三制校舎等の整備計画が大

打撃を受けた」と、清水章夫は当時の予算編成のすさまじさを明らかにしている[28]。

◆超インフレ対策に悩み教育税構想を語った浦和市 ||||||||||||

　浦和市議会第 6 回定例会（1947年12月 5 、 6 日）において財政問題について「万一これが全額補助と起債でできない場合は二つの案が考えられる。その一は、市民の賛同を願って学校建築組合を作って財源とし、明年度の補助金その他を充当して早急に返還するという考え。その二は、郵便貯蓄方面について局長と話し合っている。このようにして最初計画した 4 校の建築を全うした。 4 校建築計画としては、常盤、木崎、調宮並びに岸の 4 中学をまず取り上げ、最初に1200万円と考えていたが、物価高騰で追い付かない。市民各位の賛同を得て少なくとも2000万円位の資金組合でなければ達成できない」と、松井市長は答弁している。規模の比較的大きな市では、川口市、浦和市にみられるような出資金方式は有効であった。

　任意制教育委員会の設置は、浦和市ではどのようにして実現したのであろうか。議員の大勢が時期尚早論で 1 年延期に傾く中、市長の強い要望で開かれた 8 月24、25日の全員協議会で「委員会の問題は、教育行政について市民が自ら責任と権利を持って運営し、上からの圧力や支配を廃するという重大な改革である。どうせやるなら本年から実施したい。予算については、学校の人件費は国の補助で賄い、委員会完成の上は、教育税を設けて委員会自身で財源を見出すことも考えられている」と市長は発言し押し切ったのである。教育委員会が設置できれば自主財源としての教育税の導入による財源確保ができることをにおわせた市長の強い決意で議事が進められた[29]。教育委員会制度を導入すれば自主財源として教育税が可能との言葉は、根拠が不十分で多分に幻想に近いものであったが、説得材料とはなりえていた。教育委員会は、市長の政治的な意図とは相対的に自立しているとの発想はみられない。

　このことは、川口市、浦和市だけではなく、朝霞町、桶川町でも同様である。教育委員会を政治的な中立機関として求めるという要素は感じられない。そして、教育に特化した行政機関としての教育委員会は、住民からの教育に特化した寄付金をはじめとする財源調達を容易にする制度としての役割が、

自覚的、無自覚的に担われた。すなわち、教育目的税としての教育税を徴収する代わりに寄付金等を容易に集められる機関として重宝がられたのである[30]。

◆公選制教育委員会の２つの課題 ‖‖‖‖‖‖‖‖‖‖‖‖‖‖‖‖‖‖‖‖‖‖‖‖‖‖‖‖‖‖‖

　埼玉新聞は、1950年に２つの課題を出していた。一つは、全国的に教員、元教員の割合が30％を占めて、教育の「専門的な偏見」が出ている。また委員は行政には素人なので県議会や県との予算折衝ができずに「教委会は県への取り次ぎ機関」とみなされる有り様。もう一つは、「教育委員会がすべてをきめるのは画期的な進歩だが地方の行政機構の上にそのままオンブしているために財政的に全く地方に頼りきっているのが弱みだ」と分析をしている[31]。公選制教育委員会は、選挙によって地域での多様な考え方を反映した合議制の組織として期待できた制度である。地域各層の利害を担った委員が協議しながら教育をコントロールすることが求められていた。

　その場合、当初の構想にあった教育行政の専門性を持った事務局、校長、学校事務職員の存在を重視することが不可欠だったと考えられる。特に、学校建築のための技術職や教育財政担当を的確に配置することなしには、実効性のある教育委員会制度にはならなかったのである。

戦後混乱期の学校事務職員は何をしたのか

◆戦後混乱期の学校現場—島根県簸川郡大社町の組合立大社中学校の設立への関わり ||||||||||||||||||||||||||||||||||||||

　少子化と過疎化で学校の統廃合が進む21世紀日本。戦後間もなくの頃は全く別の様相であった。新たに前期中等教育まで義務教育化され、地域に新制中学校を急きょゼロからつくらなければならない状況が生まれていた。そんな中で、中学校建設に奔走した学校事務職員がいた。島根県簸川郡大社町の組合立大社中学校の北川英夫である。

　当時も公立学校は、今まで埼玉県の事例をみてきたように、地域の知恵と財力でつくられたのである。

　『六・三制義務教育の礎』（文部省、1950年）は、六・三制のために校舎建設に立ち上がった各地の住民、自治体関係者、教職員の混乱と並はずれた熱意が記された重要な資料である。当時の中心課題は新制中学校建設の財政的な基盤の脆弱性である。「昭和22年度の生徒数は319万で、昭和21年の生徒数（高等小学校、青年学校を含む）216万に対して103万人の生徒増になるわけであるが、この103万に対して予算的措置が取られなかったばかりでなく、教室を一応もっていると考えられた216万の生徒数に対する教室すら約60万人分があるだけで残りの56万人の教室がなかった。したがって、この56万人と先の103万人分、計159万人分の教室が発足当時第１年目に不足であったと言うことになる」。この事態の克服のために立ち上がった人々の偉大な業績が『六・三制義務教育の礎』（文部省、1950年）の「表彰者功績録」に記されている。当時の様子を「序」で文部大臣天野貞祐は次のように率直に語っていた。

　「終戦直後の昭和22年春、いわゆる六・三制の新学制は断行されたのであった。（中略）新制中学校を新しく建築するということは、疲弊の極みにあつた全国の市町村にとって大きな負担であつた」。「まず敷地の決定において重大な障害にあたり、さらに、資材の入手、資金の調達等の困難は言うま

でもなかつた。しかも文部省としてははなはだ申し訳ないことであるが、この画期的な学制改革に対する国からの財政的援助は非常に少なく、時に途絶えようとさえした。ところが全国各市町村では、よく教育の重大なることを認識され、新しい中学校の建設を万難を排して進められたため、発足当初はなはだしかつた二部授業・仮教室授業等も漸次解消の機運に向かい、多くの立派な中学校校舎の姿をあちこちに見ることができるようになつた」と。

国が六・三制予算を全額削除したため、1948年4月から1949年6月までの市町村長の辞職1,376人中六・三制問題が1割を超える177人に及んだ。しかも山梨、岡山、香川県の村長にはこれを理由に自殺した方も出た。ある地域では寄付を募り、ある者は建築に要する材木一切を寄付し、そして多くの人々は土を掘り、もっこを担いで勤労奉仕を行ったのであった。埼玉県竹沢村（現小川町）では字（あざ）ごとに交代でした地ならし作業の最中に5名が生き埋めに遭っている。ある生徒は卒業まで新聞配達をして、校舎建築への寄付を行った。

裕福な家庭の子どもしか中学校に行けなかった戦前戦中から、誰でもが中学校に行けるという新しい時代への希望と勉学への渇望が、人々を突き動かしたのだった。他面では、それらが強制的な寄付や労務提供の側面もあった。六・三制実施のために、主に無理をしたのは国よりも地域の人々である。現在の私たちの学びと人生とはその結果である。

学校事務職員の先輩も立ち上がった1人である。

「前任地において新制中学校は組合立として設置すべきであるとする信念の下に、組合の設置に努力して組合の設置に成功し、現在地に転職するや再び組合立の中学校設置に意を用い、あらゆる努力をいたしついに大社町外三中学校組合の設置を実現すると共に、校舎の建築についてさらに日夜を分かたず東奔西走して各方面の了解に努力し、ついに県下稀にみる中学校校舎の整備を見た。（中略）氏の努力は実に偉大なものがある。この両校の組合設置は県下の組合立中学校の設置に先鞭をつけたものである」と『六・三制義務教育の礎』に記されている。

中学校建設が急がれる中、単一の町村では中学校を建築することが困難な地域について、文部省は複数自治体で組合をつくって「組合立中学校」建設

を奨励した（2018年でも組合立は小 8 、中23）。設置場所や財源負担をめ
ぐっての利害調整には、大変難しい課題が生じる。学校事務職員の北川英夫
はその調整や財源確保などに東奔西走したものと思われる。学校に密着した
教育行政の専門職員としての力量が発揮されたのである。

　先人たちの努力の証が津々浦々にある公立学校なのである。日本全国どこ
でも、家柄や身分、財力に関係なく誰でもが義務教育を無償（ただし現状で
は授業料と教科書）で受けられる現在の日本の学校制度は、誰かがつくり出
したものではなく、身近な地域の人々の自主的な取組によるものである。そ
の中には北川英夫以外にも学校事務職員がいたことだろう。残念なことに、
文部省に取り上げられた北川英夫以外の人物の存在さえ分からないのである。

　時代は少子化、過疎化になり、2018年度には全国小学校19,591校、中学校
9,421校、高等学校（全日制）3,559校に減少している。島根県でも過疎化が
進行している。それに伴い、学校も閉校し、統廃合されている。公立小学校
290校（2006年比で▲21.57％）、公立中学校94校（同じく▲10.48％）。島根
県の小学校は1960年から2008年までの約50年間でおよそ 4 割の学校が廃校と
なっている[32]。

　この現象は今後も止まらない。東洋大学の根本祐二の推定（文科省の設置
基準が改善されず維持されると）によれば、2050年頃には島根県は全国最悪
の10.7％の小学校しか残らないという[33]。

第3節 地教行法体制下の学校事務職員の定着

◆義務教育費国庫負担法により学校所属が法定された ‖‖‖‖‖‖

　学校職員の給与負担をどのような制度で行うのかは、重要課題であった。文部省剱木学校教育局長は、国会で市町村の財政状況格差などを理由として県費負担制度を改める考えのないことを答弁している[34]。1948年7月に教育公務員特例法に続いて市町村立学校職員給与負担法が、2月5日に発令した「政令28号」を引き継いだ形で法律として成立した。

　1940年に総動員体制の一環として制度化された義務教育費国庫負担法（旧法）は、シャウプ勧告による地方平衡交付金制度が導入されることで、いったんは廃止された。地方平衡交付金は地方自治の趣旨によるものであるが、そのための十分な財政を保障することはできなかった。早くも1952年には事務職員給与と教材費を新規に加えた義務教育費国庫負担法（新法）が公布、1953年度から実施され、再登場となった。

　戦後まず町村への財政破たん回避として都道府県費職員とするための市町村立学校負担法が公布され、次いで2分の1を国庫負担とする制度が導入された。このため、設置者である市町村は服務監督権をもつが、給与負担者は都道府県であり、このうち2分の1を国家が負担する複雑でいびつな制度が始まった。学校にいる事務職員のうち都道府県で採用された者は、都道府県費で給与負担され、県内市町村を異動する（辞令としては一度退職扱い）不可思議な学校事務職員となり、教員同様に設置者である市町村への同化定着に困難さをかかえ、渡り鳥のような公務員となることとなった。しかも、学校にいることで義務教育費国庫負担制度の対象となる枠組がつくられた。財政的に学校に所属することが義務づけられた。その後の変遷は、第4章で述べる[35]。

◆地教行法への転換とその意味 ‖‖‖‖‖‖‖‖‖‖‖‖‖‖‖‖‖‖‖

　教育委員会制への圧迫が始まった。1955年3月の第22回特別国会に提出さ

れた地方財政再建促進特別措置法案と地方自治法の一部改正案で、教育委員会の予算執行権の制限と原案送付権の停止が規定されたが、法案は不成立となった。1956年1月7日、自民党文教制度調査会特別委員会は教育委員会制度を廃止し、教育内容に関する文部大臣の勧告権を認め、予算原案送付権の廃止方針を決定した。5月2日、参議院において警察予備隊500名が周辺を固める中で法案の強行採決をした[36]。1956年6月、地方教育行政の組織及び運営に関する法律（地教行法）を公布し、10月に任命制教育委員会を発足させた。

　1つに、このことは教育委員の正統性が直接の民意によって担保されることはなくなり、形骸化することとなった。それは地域の民意の直接的な反映の回路が遮断され、代わって直接選挙で選ばれる市町村長の教育行政への権限（任命権）が強化される事態を招いた。地域との具体的な関わりはますます希薄になり、観念的になっていった。

　2つに、戦後は、文部省の影響力強化がみられる。戦前には、文部省は地方教育行政への直接的な関わりはできず、旧内務省経由によるしかなかったが、戦後は教育委員会制度によって直接的な教育行政への影響力行使が、指導助言という形をとるにしても、行えることとなった。

　教育委員会法から地教行法に転換することで、この傾向にいっそうの拍車がかかる仕組みとなった。都道府県教育委員会は文部大臣、市町村教育委員は都道府県教育委員会の承認を得ることで、教育長を任命することができるように変更された。第51条では教育に関する事務の管理及び執行が法令の規定に違反あるいはいちじるしく適性を欠く場合には、是正または改善のため必要な措置がとれるとした。また県費負担教職員の任命権が市町村から都道府県に移され、市町村の権限は内申を行うだけとされた。地方自治法にあるように地方公務員の定数は、当該自治体の自由裁量である。ところが市町村立学校の教職員は、国の定数標準法に基づいて、都道府県条例で定め、都道府県がそれへの給与負担（その半分を国が負担）をする。

　3つに、教育委員会は学校管理規則の規定を設けることとなり、学校への管理強化を強めた[37]。学校の自主的な運営は認められず、変質した教育委員会のもとに教育活動をする事態となった。対抗する理念として教員の職業的

な専門性を根拠とするのではなく、公選された保護者、地域や学校職員によって構成する学校運営の協議会（学校協議会、学校理事会、学校協議会などの名称の）によって意見と財政調整を行うという発想が必要であった。しかし、当時はこのような視点は多くはなかった。

◆義務標準法による配置拡大 ||||||||||||||||||||||||||||||||||||

　学校教育法が成立しても教職員配置の改善は進まなかった。すしづめ教室であった。1958年の頃には各県の平均は60人の児童生徒が1教室にいる状態であった。学校教育法施行規則第20条には、学校規模について50人以下を標準とすると記されていた。学校事務職員は、特に義務標準法制定以前は、配置もわずかしか進まなかった。前半を図表3-2「学級編制の標準の変遷、改善計画の概要（1954年～2005年）」にまとめた。

　1958年に成立した、「公立義務教育諸学校の学級編制及び教職員定数の標準に関する法律」（義務標準法）は、公立小中学校の学級編制と教職員定数の標準について必要な事項を定め、義務教育水準の維持向上を目的とした法律である。この法律により、計画的な学級編制基準の改善が進んだ。

　第1次計画で50人学級、第2～4次で45人学級、第5～7次で40人学級である。その後、教職員の定数改善計画は、2006年の行革推進法を契機として策定することはできなくなった。義務標準法第7条の標準によれば、学校事務職員の配置は学校規模18学級以上に小学校1名、中学校では9学級以上1名であった。

　しかし、定数基準ができても、教員に当てた県が多いと思われる。県費学校事務職員の配置が進まないため、市町村費事務職員が小学校4,999人、中学校4,695人がいた。1958年改正では、「準ずる者」制度導入（戦前の「官公吏」及び「雇用人」の区別に由来する。2006年地方自治法改正により「職員」に統一された）とともに、小学校400人、中学校300名の児童生徒がいる学校に配置する計画が打ち出された。1969年改正では小学校350人、中学校250人以上の学校に事務職員を置くという改善。1974年の改正で、全学校数の3分の1または6学級以上の学校への全校配置、及び小学校30学級、中学校24学級への複数配置、そして教育困難校への加配措置。この経過について、

図表 3 - 2　学級編制の標準の変遷、改善計画の概要（1954年～2005年）」

年次計画	標準法以前	第 1 次	第 2 次	第 3 次	第 4 次	第 5 次	第 6 次	第 7 次
年次計画		1954年～1963年	1964年～1968年	1969年～1973年	1974年～1978年	1980年～1991年	1993年～2000年	2001年～2005年
学級規模	60人	50人	45人			40人		
主な内容		1　学級編制（50人）の標準を明定。2　教職員定数の標準を明定。3　対象職種を校長、教頭、教員、養護教員等、事務職員、寮母等	1　45人学級を実施。2　複式学級の編制標準の改善。3　対象学校種を養護学校小・中学部に拡大。4　教職員の配置率の改善	1　小学校における4個学年複式学級の解消及び中学校における3個学年複式学級の解消並びに他の複式学級の編制標準の改善	1　事務職員の複数配置等。2　小学校における3個学年複式学級の解消及び小・中学校の2個学年複式学級編制の標準の改善。3　研修等定数の制度創設。4　教育困難校等に対する加配制度創設	1　40人学級を実施。2　教頭定数をはじめとした教職員配置率の改善。3　教育困難校等加配及び研修等定数の増	1　複式学級の編制標準の改善。2　ティームティーチング等指導法の工夫改善のための定数加配措置。3　通級指導、不登校対応、外国人子女等日本語指導、コンピュータ教育加配の創設。4　教頭及び養護教諭の複数配置等	1　事務の共同実施を行う学校への加配創設等。2　少人数指導や習熟度別指導を行うときめの細かな指導を行うための定数加配の充実。3　教頭及び養護教諭の複数配置の拡大充実。学校栄養職員の複数配置率の改善、加配措置
事務職員	18学級以上の小学校1名、9学級以上の中学校1名	1958年改正で小学校400人以上、中学校300人以上。「準ずる者」制度導入		1969年改正で、小学校350人、中学校250人以上配置	1974年改正で全学校数の3分の1、または6学級以上の学校へ全校配置。小学校30人以上、中学校24学級以上に複数配置。教育困難校加配など。教育指導の改善に関する特別な研究に学校事務の共同実施が加わり1999年20名、2000年35名を加配。			施行規則第5条第3項による特例加配（事務処理の拠点学校）。2001年167人、2002年729人、2003年339人

「準ずる者を定数標準法の中に公然と登場させることによって、吏員（主事）―準ずる者（主事補）という職階制を前提とする複数配置の任用配置を図ってきたのである」との分析がある[38]。

　教員にも言えることではあるが、学校事務職員の制度的な枠組みは、義務教育費国庫負担法、地教行法、標準定数法により、戦後教育改革が始まり10年を経た1950年代に確定した。このような枠組みは、学校事務職員の任用、給与だけではなく、意識も市町村教育委員会との関係、学校のある自治体の職員であることから切りはなす傾向をもたらした。特に学校予算に携わって

いない地域ではこの傾向が強いのである。

◆３つの教職員制度による学校事務職員の形成 ||||||||||||||

　社会変化と教育への住民の欲求はどのようなものであったのだろうか。1950年には農林漁業従事者は48.2%であった。東井義雄は、教員としての実践から、「村を育てる学力、村を捨てる学力」と語り、農村の活性化に役立つ教育に邁進していた[39]。しかし、農村を脱出し職を求めて都市に流出する若者の割合も高かった。

　そして、戦後間もなくのベビーブーマー（1947年～1949年）は、すぐに学校にあふれかえった。1953年には小学校１年入学者が200万人であったが、翌年には255万人にも跳ね上がる。小中学校では校舎不足が引き起こされる。ベビーブーマーだけではなく大都市部への流入による学校環境整備悪化への課題は70年代まで続いた。職住一致の共同体よる相互扶助の一つであった子どもの教育のための施設と教職員を財政的にも担ってきた自治体は、不断に財政危機を繰り返してきた。

　主たる教材である教科書も、長く保護者負担であった。兄姉あるいは地域の先輩のお古の教科書を有償無償で譲り受けていた。高知県長浜を嚆矢とする教科書無償運動の拡がりの中で[40]、義務標準法が公布された翌年、1962年には義務教育諸学校の教科用図書の無償に関する法律、1963年に教科書無償措置法が公布され、学年進行方式で順次教科書が無償にされた。声を挙げることなしには改善はもたらされない。教科書が無償になってわずか半世紀を越えたにすぎない。

　このような教育事象の中、学校事務職員についての法制度の転換に対して、「茨の道」を、歯ぎしりしながら先人たちは臨んでいった。例えば、1949年の教育公務員特例法に触発されて、「事務教諭」運動は、1954年から1956年にかけて広範に広がり、国会への取組に焦点化されていた。

　1954年、第19回国会で政府委員の、「事務職員は繰り返し申し上げますように事務に従事するものでございまして、ほかのたとえば教育委員会におります職員、あるいは極端に申しまして文部省におきまして教育の一般行政にたずさわる職員と性質において私は変わりはないと思います。したがいまし

て学校事務職員のみを教育公務員特例法の適用の問題にするのはどうかと思います」との答弁を覆すことはできなかった。教員に同化したいという当時の学校事務職員の願望はあっても、答弁を覆すための理論構成はなかったのである。

「教職の特殊な職務と責任を論拠に制定された教育公務員特例法は、教育労働者と一般公務員労働者、学校内における他の労働者と分断差別し、特別身分保障のもとに労働権の制限を法定化したものであった」。「それゆえ、学校事務労働論はまずもって、教特法の制定にはじまる教育公務員の特例法制の根本にある思想―教育労働の特殊性論とその現実的意識形態および現存の学校における労働の分業＝協業関係を変革しうるような分析視点を確立することが必要であろう」と岡村達雄はのちに（1973年）に語っている[41]。

そして、1956年国会では、教員の産休法と学校事務職員問題とがはかりにかけられ、学校事務職員問題は結核休職の適用と初任給格差を時間外手当で処理する形での終結となった。後者の賃金格差を時間外手当で埋めるという発想は、闇給与に近い発想であり、各都道府県の学校関連の職員団体が賃金に関する規定力を保持している間は、可能であるという微妙な問題を引きずることとなった。

1958年には義務教育諸学校施設費国庫負担法がようやく成立し、1959年から1963年にかけての公立文教施設5か年計画が策定され、地方自治体の財政圧迫への財源措置が講じられた。

学校事務職員のうち県費職員は、市区町村の身分でありながら、制度面での整備が進み県費教職員制度として充実すればするほど、県職員としての「錯覚」が高まり、県費教職員の給与、旅費、共済事務が県費学校事務職員としての中心業務とする思考が定着していった。市町村費学校職員の給与等関連業務は、市町村教育委員会あるいは市町村費学校事務職員の業務であると考える傾向が生じた。さらに、市町村が支出する学校会計予算は市町村費学校事務職員の業務だとする区分けが地域によっては現れる。今に続く大きな勘違いが生じてしまったのである。

確かに1名配置の県費学校事務職員にとって電算処理される以前の県費学校職員への給与、旅費、共済事務は、例月処理だけで相当の時間を要した。

確定闘争後に決まる新給与ベースと旧給与ベースとの差額をそろばんで積算し手書きで調書（複数枚をカーボン複写）を作成する作業、さらに年末調整事務が加わる12月は泊まり込みで調表を作成する状況であった。

　小規模自治体では自治体予算が小規模の上、そのほとんどが学校建設費に取られていた。そのために学校に配当される予算も少額で、市町村教育委員会事務局で、学校の意向を聞きながら、あるいは聞いても意向にそえる財源がない中で、一括処理することが理にかなっていた。学校建築の需要が激しい大都市圏では、小規模自治体以外でもわずかの学校配当予算しか配布できず、授業に必要な教材教具を揃えることができないため、PTA から寄付金を募り、保護者の学校徴収金（「預り金」という巧妙な言い回しも使われる）を徴収して不足額を補うことが、疑問も抱かずに行われていた。21世紀の現在でも嘆かわしいこの状況は続いているのである。

　戦後に始まった第 2 期の学校事務職員制度は、このようにして茨の道を歩んできた。義務制諸学校の学校事務職員は、市町村立学校に勤める地方自治体職員である。各自治体の課題に向き合うことで仕事が成り立っている。全国一律の教育行政という視点だけで、教職員の職務範囲を規定することは官治的な発想であり、現実との齟齬から、返って学校事務職員を悩ますことになる。

　職務については第 4 章で改善策を含めて検討する。

---

1 ）長谷川昌平「私の歩んだみち」『埼玉県学校事務研究協議会10周年研究収録』1974年

2 ）文部省『学制百年史』第 2 編第 3 節

3 ）「第92会帝国議会衆議院議事速記録」官報号外、1945年 3 月20日

4 ）中村文夫『学校財政』学事出版、2013年

5 ）大橋基博、佐々木享「学校教育法案の形成過程」『教育学研究』第50巻第 4 号、1983年。竹内久隆「学校教育法における小学校規程の立案過程に関する考察」『教育学雑誌』第34号、2000年

6 ）大橋基博、佐々木享「学校教育法案の形成過程」『教育学研究』第50巻第 4 号、1983年

7 ）仲新『日本現代教育史』第一法規、1969年

8 ）安井克彦「教育長職の成立過程に関する一考察」『名古屋学芸大学教養・学際編・研究紀要』第 8 号、2012年

9 ）玖村敏雄『教育職員免許法同法施行法解説（法律篇）』学芸図書、1949年免許法施行規則（1949年11月 1 日制定）第 8 条「免許法別表第二に規定する校長普通免許状の授与を受ける場合の教職に関する科目の単位は、第 5 条又は第 6 条に掲げる教職に関する専門科目について修得した

15単位のほか、次の各号に掲げる科目について、各号と後に、それぞれ 3 単位以上を修得しなければならない。一　教育評価（精神衛生を含む。）学校教育の指導及び管理（学校衛生を含む。）　二　教育行政学（教育法規、学校財政及び学校建築を含む。）　三　教育社会学及び社会教育　2　前項の単位は、前項に規定するもののほか、大学の適宜加える教職に関する専門科目についても修得することができる。」

10) 安井克彦「教育長職の成立過程に関する一考察」『名古屋学芸大学教養・学際編・研究紀要』第 8 号、2012年

11) 鈴木勲編『逐条　学校教育法』第 7 次改訂版、2009年11月、初版1980年 8 月、学陽書房

12) 文部省学校教育局庶務課長内藤誉三郎『學校教育法解説』ひかり出版、1947年

13) 市川昭午「教育活動と学校事務の本質」『学校事務』1971年 4 月号

14) 市川昭午「教育活動と学校事務の本質」『学校事務』1971年 5 月号

15) 竹山トシエ「Ⅰ学校事務職員の現状と課題」『教育をになう人びと』青木書店、1980年

16) 阿利莫二「行政委員会に期待されていたことは何か」『月刊自治研』1991年 9 月号

17) 横山光子「戦後沖縄の教育税制度研究─制度創設から廃止までの経過と諸問題─」『創価大学文系大学院（教育学）紀要』2007年

18) 全国市町村教育委員会連合会『地方教育委員会の歩み』教育通信社、1961年

19) 全国市町村教育委員会連合会『地方教育委員会の歩み』教育通信社、1961年

20) 本多正人「木田宏氏インタビュー記録（2000年 7 月26日）」『教育委員会制度再編の政治と行政』多賀出版、2009年。木田が富山県以外では町村はつくらなかったと述べた後に、「町村でつくったのは埼玉県の桶川という町にひとつできました。これは問題になったものだから記憶しています」と語ったほど、当時印象を強く与えたのであった。ただし、木田の記憶と相違して富山県、埼玉県以外にも町村が任意制教育委員会を作った事例はある。

21) 埼玉県『新編埼玉県史　通史編 7 』1991年

22) 鬼嶋淳「占領期における地域社会の対抗状況」『早稲田大学大学院文学部研究科紀要』第 4 分冊、2006年。所沢町での選挙に勝利した支配層が、学校建築への寄付金を町民税を基にした割当てを強制したのに対して、日本共産党を中心とする地域団体が、資産資力に応じた寄付へ改めることを求めた取組についての論文である。

23) 『シャウプ勧告』第 2 章「任意的寄附金は当局が徴収または借入の能力を欠いているので、日本全国各地にわたつて、校舎の新築をしたりまたその他の地方的活動に資金を供給したりするために募集されているものである。この寄附金はただ法令によらないという一点を除いてあらゆる意味で税であるから大体において税と考えてよいであろう。」

24) 宝くじと学校　http://www.geocities.jp/tanukikuji/gakko.htm 2013年11月 2 日閲覧。また、自治大学校『戦後自治史Ⅹ（ 6 ・ 3 制及び教育委員会の発足と改革）』1968年。89頁の注 8 に大蔵省の対応、注11、当時の朝日新聞の記事が載せられている。

25) 中村文夫「任意制設置教育委員会の教育行財政」『公教育計画研究』 5 、2014年

26) 中村文夫「任意制設置教育委員会の教育行財政」『公教育計画研究』 5 、2014年

27) 中村文夫「任意制設置教育委員会の教育行財政」『公教育計画研究』 5 、2014年

28) 清水章夫「六・三制の発足と浦和市の学校教育─昭和20年代初期の浦和市議会の動向を中心に」『浦和市史研究』第13号、2001年

29) 自治大学校『戦後自治史Ⅹ（ 6 ・ 3 制及び教育委員会の発足と改革）』1968年。第 2 次アメリカ教育使節団報告には、教育税の叙述がある。この報告書が学校区や教育税を打ち出した背景には義務教育費国庫負担金をなくした文部省の働きかけがあった。

30) 中村文夫「任意制設置教育委員会の教育行財政」『公教育計画研究』 5 、2014年

31) 埼玉新聞「財政権のないのが欠陥　教委 2 か年の "通信簿"」1950年10月10日

32) 細田智久ほか「島根県における公立小学校の児童・学校数の推移」『日本建築学会技術報告集』第21巻第47号、2015年 2 月

33) 根本祐二「人口減少時代における地域拠点設定とインフラ整備のあり方に関する考察─学校統

廃合シミュレーションに基づく試算結果—」『東洋大学 PPP 研究センター紀要』第8号、
2018年

34）「第2回国会衆議院治安及び地方制度委員会議事録」1948年6月24日

35）高木浩子「義務教育費国庫負担制度の歴史と見直しの動き」『レファレンス』2004年6月号、
2004年

36）大田堯『戦後日本教育史』岩波書店、1978年

37）嶺井正也「Ⅲ　地教行法の体制下の教育管理の構造と実態」『教育のなかの国家』勁草書房、
1983年

38）日教組事務職員部編『日教組事務職員部史』第2章、1979年

39）東井義雄『村を育てる学力』明治図書、1957年

40）村越良子、吉田文茂『教科書をタダにした闘い』解放出版社、2017年

41）岡村達雄「学校事務労働試論（三）」『学校事務』1973年8月号

第4章 学校事務職員の確立と転換（20世紀後半）

年	教育	学校事務	国・地方自治
1960（S35）		12（月）. 公立の中学校の校舎新築等に要する経費についての国の負担に関する臨時措置法。文部省「教育費に対する住民の税額負担の解消について」	11. 所得倍増計画の策定
1961（S36）	11. 公立高校の定数標準法	11. 児童扶養手当法公布	
1962（S37）	7. 全国一斉学力テスト。11. 教育白書「日本の成長と教育」	3. 義務教育諸学校の教科用図書の無償に関する法律公布	10. 全総計画（拠点開発方式）
1963（S38）	1. 経済審議会「経済発展における人的能力開発の課題と対策」答申	12. 教科書無償措置法公布	6. 地方自治法改正（地方財務会計整備）
1967（S42）	8. 大学運営に関する臨時措置法施行	8. 文部省「教材基準」作成。第 1 次教材整備10年計画。地方自治法改正、口座振替制度導入	3. 東京都「学校運営費標準」。4. 東京都特区財政調整制度、市町村振興交付金制度により学校運営費標準分を措置
1969（S44）		同一銀行内の給与振り込み	5. 新全総（大規模プロジェクト、広域ネットワーク）。7. 同和対策事業特別措置法
1971（S46）	6. 中教審「今後における学校教育の総合的な拡充整備のための基本的施策について」答申		
1972（S47）	1. 給特法（調整額 4 %）		1. 児童手当法制度発足。6. 日本列島改造論
1973（S48）		公立小中学校事務職員29,429人、配置率91%（負担法適用61.4%）	10. 石油危機、以降低経済成長

1974 (S49)	2. 教員人材確保法公布。 6. 教頭職法制化	1. 文部省石油ショックによるわら半紙使用制限通達。9. 学校における補助教材の適性な取扱について	6. 地方自治法改正（都と特別区の事務配分、都の配属職員制度廃止）
1975 (S50)			12. 学教法施行規則、学校用務員
1976 (S51)	3. 学校教育法改正（主任制度化）		
1977 (S52)			11. 三全総（定住構想）
1978 (S53)		中野区教委、フレーム予算。新教材基準	12. 中野区議会、教委準公選制条例可決。
1981 (S56)	11. 行革関連法（第5次定数改善計画凍結）	7. 第2次教材整備10年計画	
1982 (S57)		7. 臨時行政調査会第3次答申（義務教育費国庫負担金指摘）	
1984 (S59)	8. 臨教審設置法成立	7. 新聞紙上に義務教育費国庫負担制度見直し記事。11. 財政制度審議会第1特別部会の大蔵省が、義務教育費国庫負担制度改革を示す	
1985 (S60)	3. 社教審教育放送分科会「教育におけるマイコン利用について」報告	4. 教材費、旅費が義務教育費国庫負担制度から除外、地方交付税措置へ	1. 文部省「学校給食業務の運営について」で合理化を通知。11. 熊本県「マイタッチ計画」
1986 (S61)	10. 教育課程審議会中間まとめ「中学校に情報基礎、高校に情報処理」方針	4、臨教審第2次答申で「インテリジェント・スクール構想」	7. コンピュータ教育開発センター（CEC）発足
1987 (S62)	8. 臨教審最終答申（生涯学習体系への移行）		6. 四全総（多極分散型国土形成）
1989 (H1)	生活科の新設		4. 消費税3％

1991（H3）	4. 中教審答申「新しい時代に対応する教育の諸制度の改革について」		
1992（H4）	9. 第2土曜日週5日制		川崎市地域教育会議（中学校区）
1994（H6）	5. 子どもの権利に関する条約発効		10. 地方自治法改正（中核市制度創設）
1995（H7）	4. 経済同友会「学校から合校へ」。4. 月2回学校週休5日制。7.SC154校配置発表	10. 自治省が自治体へ行財政改革大綱を指示	1. 阪神・淡路大震災
1996（H8）	7. 中教審答申「21世紀を展望した我が国の教育の在り方について」		
1997（H9）			4. 消費税5％。高知県「土佐の教育改革」
1998（H10）		9. 中教審答申「今後の地方教育行政の在り方について」で学校事務の共同実施	3.21世紀の国土のグランドデザイン。12. 自治労自治研地域教育政策作業委員会「教育を地域に取り戻すための15の提言」
1999（H11）	7. 地方分権一括法、省庁改革法成立	文科省定数加配（学校事務共同実施研究）	7. 分権一括法（機関委任事務廃止、特例市）。鶴ヶ島市、学校協議会

参考：文部省『学制百年史　資料』他

第1節　地域教育制度の変遷

◆コミュニティ・スクール論と取組の系譜 |||||||||||||||||||||||

　1949年に早くも大田堯は、地域教育計画を中央集権的教育計画に対立する概念として提出した。

　「人民の生活設計の課題に参与する子供の生活の編成を主張する場合には、カリキュラムは、こうした社会の厳しい課題に子供が子供相応に取り組むそういう活動の一つ一つが学習の単元の中心とならなければならい」。「まずカリキュラムの単元展開に要する費用を、各単元毎に見つもり、次いでこの単元を保障するに足る学校計画に要する費用を考慮し、次いで経常費および雑費が見積もられなければならない。その場合町村はその要求を、どう削減したかを根拠をもって示すべきである」。

　この地域教育計画を広島県豊田郡の8町村を一群として2年間にわたって実践したのであった[1]。欠けているのは、財源をどのように保障するのかの財政論である。この取組の時期は、先に触れた川口プランと同時期である。このような地域との密接な関係を再構築しようとする考えと運動は、大恐慌後のアメリカにおいて1930〜1940年代にかけてコミュニティ・スクール論として論じられ、また運動として展開されたものである。

　日本では、1969年の地方自治法改正により自治体において基本計画等の作成の機運が高まり、田園都市論やクラレンス・A・ペリーの「近隣住宅論」に発想を得たまちづくりと一体となった学校が検討されるようになる。「一日の生活圏を500メートル圏内」を掲げ、神戸市が開発した須磨ニュータウン高倉台団地は、その代表的な事例である。三全総の地域定住圏構想や1971年の第3の教育改革との対応の中で、革新自治体を背景にして、地域教育計画がまとめられるようになった。それらは、持田栄一の『日本の教育計画』、海老原治善の『地域教育計画論』にみることができる[2]。編著『岐路に立つ学校事務』の中で、持田栄一は、教育委員会公選制の復活とともに地域の教育行政の運営への親・教師・市民が直接的に参与できるような体制を整備す

る必要があるとし、「このようなこころみを実り多いものにしていくために
は学校―教育の現場における教育行財政の専門家である学校事務職員の果た
す役割は大きい」と語っていた[3]。

　戦後、学校運営における地域との関わりにおけるパートナーはPTAで
あった。住民の流動化が激しくなければ、保護者はそのまま地域における教
育関連の代表の位置を占める。地域における住民自治に立つ教育への参加は、
高度経済成長による都市部への集中と新中間層による自治体行政への参加の
一環として成立するまで待たなければならなかった。

　革新市政の川崎市では、「住民の力で地域教育改革を」進めた[4]。1984年
〜1985年の間に4万人を超える「川崎の教育を考える市民会議」が小学校区
ごとに開催された。そして、1997年には全中学校区と7つの行政区で地域教
育会議が設立された。閉鎖的になりがちな学校を地域に開くための活動を目
的としている。この川崎市での取組の自治体職員からの報告が掲載された
『自治研』1998年9月号は、1996年から嶺井正也主査のもとに開催された自
治労地域教育政策作業委員会の報告が多数載っている（私もこの作業委員会
の末席に加えてもらっていた）[5]。同号には「学校協議会へと発展させよう」
も掲載されており、参考事例としてイギリス、フランス、ドイツ、イタリア、
アメリカ・シカゴ及びボストン、韓国が取り上げられている。それぞれ制度
設計は相違するが、一般的な傾向として公選制であることと生徒代表を加え
ていることである[6]。1998年3月に中教審中間答申「今後の地方教育行政の
在り方について」が出され、9月に本答申が出される直前の特集であった。
そこには、教育委員会事務局担当者からも「教育委員会の現状と問題点」が
析出されていて、教育委員会制度の廃止も含めた出産、育児、保育、そして
教育に至る子育て政策の総合的な推進が論じられている[7]。この視点は、新
藤宗幸の教育委員会廃止論と並べて小川正人が中教審答申へのコメントの材
料としている[8]。

　教育委員会事務局と学校運営とは教育事務として同一の領域である。

◆アメリカの教育委員会の変容 |||||||||||||||||||||||||||||||||||

　地域との関わりについて、地方教育委員会との関連から経緯をみてきた。

　日本の教育委員会の元祖アメリカでは、教育をコントロールするのは公選制教育委員会という特定課題に特化した特殊な自治体である。そのアメリカにあっても、1983年のレーガン大統領による「危機に立つ国家」以来、教育政策の中で、教育委員会制度の見直しが進行してきた。教育委員会制度はより大きな単位へと統合され、特にバラク・オバマ前大統領の地元シカゴ市などの大都市部では日本と同様に一般行政部局内の教育委員会となり、機能が縮小されてきた。

　鈴木大裕は、「新自由主義社会において顕著に見られる現象の一つに、地方教育行政権の回収による、首長の権限の強化である。これは、教育委員会を廃止して、教育を市長の管理下に置く首長統制という形で露骨に現われ、ニューヨーク、シカゴ、ワシントンDC などの大都市に多くみられる。また、州政府による市の公立学校区の教育行政権乗っ取りの例もある」と語る[9]。

　そのシカゴ市では、官僚制の肥大化による地域住民の疎外を克服するために1988年にシカゴ学校改革法を制定し、学校ごとに学校委員会（Local School Council）をつくっていた。公選制の保護者、地域、教職員代表と校長とが構成し、校長の専任、学校改善計画、学校予算の承認を行っている[10]。

　教育委員会の役割の変化は、公設公営から契約によって運営を委託されるチャータースクール（公設民営）の拡大としても現象化している。一定の成果を上げることを条件として、学校運営を丸ごと外部化する手法である。そのことにより学校経営に競争原理をもち込み、教員の全員解雇を含む効率的な教育行財政を実現することが意図されている[11]。オバマ大統領が好んだこの新自由主義的な政策も、成果が上がったとの確かなデータは存在しない。

◆中間的な教育行政機関の縮小・廃止の世界的な傾向 ‖‖‖‖‖‖‖

　近代公教育は国民創設のための教育であり、個人の基本的人権をはじめとする諸権利もその枠内での権利であるならば、地域が教育に関与する合理的な理由はない。なぜなら均一的な施策が唯一であり、イタリアやフランスのように教職員は国家公務員とすることが帰結となる。また、自治体ごとの中間的な教育行政組織は、中央の意向を伝達、徹底するための必要悪であるとみなされる。それならば、情報伝達等の技術が発達するにしたがって、縮小

あるいは廃止し、代わりが必要ならば各学校に教育行政機能を移転することでより効率的で、非官僚的な運営が可能ではないかとする発想が起こる。

　教育委員会制度は、世界的にみればアングロサクソン系とその影響下にある国々だけにみられる特殊な形態の行政組織である。ニュージーランドでは、新自由主義による行政改革の一環で教育委員会制度は全廃され、国からの補助金は直接に学校に支給されるようになった。またカナダでも、教育委員会制度の縮小がみられる。韓国では教育委員会制度は存続している。が、同時に学校運営委員会が1996年以来、設立されている。

　教育委員会制度をとらない英国、フランス、イタリアでは、それぞれにニュアンスの相違する学校協議会制度が従来から行われてきた。

　例えば、イタリアでは1974年、第416号大統領令委伝命令「幼児学校、小学校、中等学校、芸術学校の運営諸機関の設置と再編について」が出され、教育行政への労働組合、地域住民、教職員の参加が打ち出され、1975年より各学校に学校評議会が設置された。評議会の役割として、予算決算の承認、教科書・教材の購入についての学校基金の管理などが挙げられる。保護者は政党別に定員数が割り振られる。高校段階では保護者の定数は半分になりその分は生徒代表が加わる。評議会の会長は保護者代表、事務局長は学校事務職員が受けもつ[12]。イタリアの学校における学校事務職員の役割は、海老原治善によれば、「すでに学校長は教育上の指導助言の長となり、経理上の責任は、事務職員が負い、契約書などには正署名は事務職員がし、校長は副署名をするところまでに権限の向上が見られている」とされている[13]。

第2節　学校組織強化の過程

◆学校事務職員のターニングポイントとなった人確法 ‖‖‖‖‖‖

　20世紀後半の時代にあって学校事務職員のターニングポイントとなったの
は、わずか3条の人確法である。「学校教育の水準の維持向上のための義務
教育諸学校の教職員の人材確保に関する特別措置法」の略称が「人確法」で
ある。1974年に公布、施行されたこの法律は、義務教育諸学校の教員の給与
について特別の措置を定めることにより、優れた人材を確保することを目的
とした特措法である。この法律に基づいて1978年まで3次にわたって教員給
与の改善が実施され25％もアップした。学校事務職員だけではなく、学校に
働く人々にとって、身の置きどころを問われた刻であった。学校栄養職員は
ロビー活動の末に、栄養教諭を選んだ。学校事務職員は、かつて事務教諭を
掲げて失敗に終わった経験から、教員への同化政策ではなく学校からの離脱
の道を選ぶことになる。

　時は、列島改造論の田中角栄が首相の時代。自民党文教族で活躍した西岡
武夫の顔を思い浮かべる。高度経済成長に乗って総中流意識は持っていても、
足元では石油危機を引き金として経済成長の鈍化が始まろうとしていた。時
代の潮目であった。公教育を担う人々をどのように扱うかは、国家の政策上
の課題の一環であることを実感させられたのである。私にとっても学校事務
の職業生活を考えるきっかけとなった思い出深い法律とそれに基づく措置で
あった。

　人確法の考え方は突然に出現したわけではない。直前の法律でいえば、
1972年の公立の義務教育諸学校等の教育職員の給与等に関する特別措置法
（給特法）、この法律は昨今の学校・教師の働き方改革の議論の中で、再び注
目されるようになっている。さかのぼれば1949年施行の教育公務員特例法
（教特法）がある。さらにさかのぼれば、戦前の教員観にまでたどることが
できる。戦前戦後の連続性をみることもできるのである。これらについては、
後ほど詳しくたどることにして、その内容に入る前に、20世紀後半がどんな

時代であり、どんな教育事象があったのか、を考えてみることにする。

◆第3の教育改革の一環としての人確法 ||||||||||||||||||||||||

　明治維新、戦後改革に次ぐ第3の教育改革が叫ばれたのは1970年代である。1971年の中央教育審議会答申「今後における学校教育の総合的な拡充整備のための基本的施策について」、いわゆる「46答申」が行われ、文部省は、「教育改革実施本部」を設置して答申の実施にあたった。次いで1984年8月、内閣総理大臣の諮問機関として臨時教育審議会（臨教審）が発足し、4次にわたる答申を行った。おおよそ3本の柱が立てられていた。①個性重視の原則（画一性、硬直性、閉鎖性を打破して、個人の尊厳、自由・規律、自己責任の原則とすること）。②生涯学習体系への移行（学校中心や学歴中心の考え方を改め、生涯学習体系への移行を主軸とする教育体系の総合的再編成を図っていかなければならないこと）。③変化への対応（教育が直面している最も重要な課題は国際化・情報化への対応であること）、である。

　第3の教育改革によってどのように1970年代以降の公教育再編が行われたのか。岡村達雄は5項目に分類している[14]。第1に、「学校の多様化・種別化」。第2に、「学校管理組織上の改革が、教育管理の合理化・効率化及び官僚化として実施された。校内管理組織の改革として小・中・高校での教頭法制化（74年）、主任制度化（75年省令改正）があり、校長―教務主任―学年主任―教諭といった校内職制システムにより階層的管理体制が実態化されてきた。（中略）これと関連して、いわゆる『人材確保法』（74年）による教員給与水準の引き上げ、給与体系の改編は、教職員のなかでの教員優遇、あるいは特1等級設置による差別的階層的な教職体制をつくりあげることになった」。第3に、「教職課程の改訂による教育の能力主義別多様化である」。第4に、「共通1次学力試験制度の実施（79年）が挙げられる」。第5に、「私立学校振興助成法（75年）の制定である」とした。

　このように、人確法は、第3の教育改革の一環として校内管理体制強化の財源投入のための法律であった。教員と学校事務職員との格差と差別の背景は深かったのである。待遇格差は、施策を進める上での「撒き餌」をする必要のある職種かどうかの結果である。

◆1970 年代初め、学校事務職員に対する文部省の 見方と配置 ||||||||||||||||||||||||||||||||||||||||||||||||||||||||||||||||||||||

　学校事務職員の見方と配置について、文部省は次のように把握していた。『昭和45年度　わが国の教育水準』[15] では以下のように描かれている。

　「(昭和44年度において、) 教員の教職活動に対する事務職員の間接的な援助という観点から、わが国の公立小・中・高等学校における教員数と事務職員数の割合をみると、本務教員100人に対する事務職員数は昭和44年において23人となっている。事務職員の範囲については、国によって異なるので直接比較することは難しいが、アメリカ合衆国では41人（1967年）、フランスでは36人（1967年）となっている」

　文部省は、学校事務職員は、子どもが学校で学ぶために配置された行政職員としてではなく、教員の教職活動に対する間接的な援助のための職員という視点を重視している。つまり、教員の補助労働、従属労働としての価値を見いだしているのである。その上でアメリカ、フランスとの比較を行い、100対23人は少ないことを示した。このような視点は、21世紀の「チーム学校」とその実態化である「学校・教師の働き方／働かせ方改革」論議でも見受けられる。

◆1949 年教特法、1971 年給特法、そして 1974 年人確法 ||||||||||||||||||||||||||||||||||||||||||||||||||||||||||||||

　教特法導入直後の学校事務職員の悲嘆と、「事務教諭」運動の独り相撲のような失敗についてはすでに触れた。1971年の給特法とそれに対する学校事務職員の対応について次にみてみる。21世紀になると、給特法は、教員の働き方改革を疎外する諸悪の根源といわれている。あるいは教員への残業代ゼロ法として酷評されている。他方で、時間外を命じる項目を限定し教員の多忙化解消の意義もあったとする意見もある。では、実際どのような法律であり、ねらいはどこにあったのかを検討する。

　「公立の義務教育諸学校等の教育職員の給与等に関する特別措置法」の趣旨は、「第一条　この法律は、公立の義務教育諸学校等の教育職員の職務と

勤務態様の特殊性に基づき、その給与その他の勤務条件について特例を定めるものとする」。第二条、「義務教育諸学校等」の「教育職員」とは、義務教育諸学校等の校長（園長を含む。次条第一項において同じ）、副校長（副園長を含む。同項において同じ）、教頭、主幹教諭、指導教諭、教諭、養護教諭、栄養教諭、助教諭、養護助教諭、講師、実習助手及び寄宿舎指導員の範囲と定義する。それではどのような例外を設けるのかを第三条で示している。

　第三条　教育職員（校長、副校長及び教頭を除く。以下この条において同じ。）には、その者の給料月額の百分の四に相当する額を基準として、条例で定めるところにより、教職調整額を支給しなければならない。
　2　教育職員については、時間外勤務手当及び休日勤務手当は、支給しない。
　3　第一項の教職調整額の支給を受ける者の給与に関し、次の各号に掲げる場合においては、当該各号に定める内容を条例で定めるものとする。

　時間外勤務を命じることは「教育職員」にはできないのか。文部、文部科学省の見解は、原則として公務のための臨時に必要がある場合には時間外勤務を命じることはできないが、限定された場合に時間外勤務を命じることができる（給特法第 5 条による読み替え後の労基法第33条第 3 項）。その基準は、給特法第 6 条により、政令で定めることができる。これが、いわゆる「超勤 4 項目」（1 生徒の実習、2 学校行事、3 職員会議、4 非常災害、児童生徒の指導に関する緊急の措置を必要とする場合等）である。超勤 4 項目により職務を命じた場合には、時間調整とともに項目によっては教員特殊業務手当が支給される場合がある。
　なお、教育課程にない部活動に従事させた場合にも、部活動手当が支給される。給特法を廃止することが、教員にとって基本的な待遇改善になる。ただし、教職調整額は給料分の 4 ％見合いだけではなく、期末勤勉手当にも反映されて 6 ％、さらに退職手当、年金にも影響する不可思議な制度である。この措置が定着してすぐに、教員の大幅な待遇改善が実施された。それが人確法である。

◆ 1974 年人確法による優遇は、やがて効果が減少する ▎▎▎▎▎

　人確法は、教員の給与を一般の公務員より優遇することを定め、教員に優れた人材を確保し、もって義務教育水準の維持向上を図ることを目的とする特別措置法である。したがって、教壇に立たない学校事務職員は、「一般の公務員」であり、義務教育水準の維持向上には関連しないので優秀な人材である必要はないし、給与を優遇する必要もないとの法律である。

　法案になるまでの経緯は、1971年中教審答申は「教職への人材誘致の見地から優遇措置が必要」と指摘。1972年7月、自民党文教制度調査会、文教部会による提言では、「教員の養成・再教育ならびに身分・待遇について抜本的改革を断行し、今後行われるあらゆる教育改革の出発点としたい」と述べられている。1973年2月に人確法が国会に提出され、1974年2月公布施行された。

　以下の3条しかない法律であり、一般の公務員（その中には学校事務職員も含まれる）の給与水準に比較して必要な優遇措置、つまり3次わたる改善によって25％もアップする。だから、第3の教育改革に協力すること、そのためにはまず学校内の組織運営に教頭、主任などの中間管理職的な層を入れること（連動して給料体系にもメリハリをつけること）を受け入れることであった。

　第一条　この法律は、学校教育が次代をになう青少年の人間形成の基本をなすものであることにかんがみ、義務教育諸学校の教育職員の給与について特別の措置を定めることにより、すぐれた人材を確保し、もって学校教育の水準の維持向上に資することを目的とする。

　第二条　この法律において「義務教育諸学校」とは、学校教育法に規定する小学校、中学校、義務教育学校、中等教育学校の前期課程又は特別支援学校の小学部若しくは中学部をいう。

　2　この法律において「教育職員」とは、校長、副校長、教頭及び教育職員免許法第2条第1項に規定する教員をいう。

　第三条　義務教育諸学校の教育職員の給与については、一般の公務員の給

与水準に比較して必要な優遇措置が講じられなければならない。

　優遇することは、釣るための餌でしかなく、やがて優遇は霧散する。釣った魚に餌はやらない、のである。事実、2001年〜2005年の一般行政職と教育職員との平均給与月額の差は、教員を100とした場合、一般行政職は97.24となり格差はほぼ解消されたといえるほど低下している[16]。ちまたで言われていたことは、誰が給料表を作っていると思っているのか、行政職員なのだ、ということであった。

◆人確法は、教員を人勧体制から離脱させるねらい

　西岡武夫は当時を振り返って、「私が人確法を発案をいたしまして立法化する過程で、私の本来やりたかったことは、当時非常に困難でしたけれど、学校の先生の給与については人事院勧告の対象から外して独立の給与体系にしたかったわけです」。「四年目に大体、学校、小学校の校長先生の給与は、県の部長クラスの給与よりちょっと上ぐらいまで行ったんです。ところが、その後、人事院勧告のたびにどんどんどんどん相対的にその溝が埋められてしまって、人材確保法というのは余りその存在の意味をなさなくなっているんです」と述べている[17]。
　第3の教育改革のためには、賃金闘争をする公務員から引きはがし「聖職」としての身分への施しに替えることが意図されていたのである。結果的には、給与制度において、公務員全体から教員を切り離すことはできなかった。
　しかし、その意図は恐ろしいものを含んでいたといえる。
　人確法が残した爪痕をしっかりと見据えるときが来ている。人確法による教員への優遇が実質的に解消されている現在、給特法だけではなく人確法そのものの廃絶を求めることが、教員の多忙化の病巣を除去することになる。

◆もたらされた学校の荒涼たる景色には、子どもだけではなく学校職員も

　第3の教育改革は、校内暴力、荒れる中学生、子どもの自殺、シンナー吸

引など学校の荒廃を引き起こした。ある学校事務職員は「荒廃している教師たちへ」と訴えている。

　「僕の学校の教師たちは、コツコツ学級通信にはげんだり、こまめに家庭訪問も続けている。だが生徒の非行や教師への反抗は、『悪い生徒』がひき起こすものであると、信じているようであり、民主的な集団づくりや当該生徒に対する毅然とした教職員の一致した姿勢、あるいは基本的な生活習慣の確立などの、いわゆる生徒指導でのりきろうとしている」。「学校内では、圧倒的少数者である僕たちと『非行』『校内暴力』『障害児』達とは、どこか類似して共通の課題がある。学校内に存在しながら制度的に切り離されたり、意識的に分離されたりしている」。「"学校に子どもたちが生きられる場所がない……"になっている、と林竹二氏が指摘している。事務職員である僕も、ひしひしとそういう感じが伝わってくる」と、学校事務職員も学校に生きる場がない、と子どもたちの有り様に重ねて感慨をもつに至る[18]。

　人確法は、「学校事務職員にとっては、まさに差別・分断の中に落とされたようなものであって、人確法が目指す"調和のとれた学校運営"とはまったく相反する事態が生じている」[19]、という視点が広がっていった。

　採用 4 年目の事務職員は、「これまで私達事務職員は法的にも教員と一般行政職員の中間で綱渡りをしてきたのではないかと思う。いつでも誰かの都合で教員と一緒にされたり、それまで同じだったつもりが切り離されたりする。切り捨てられたと思うのは、私達事務職員も教員と同じという意識があるからに違いない」と、自らに問う[20]。

　教壇に立つ人、立たない人の間の境界が明確になったとき、学校事務職員は自分の職業人生は茨の道であることを改めて自覚させられた。しかも道はいよいよ分かれていったのであった。

　国会では、参議院付帯決議の一つに「学校事務職員の給与改善についても配慮する」、さらに1975年 3 月25日、人確法に基づく第 2 次教員給与改善にあたって衆議院内閣委員会付帯決議「学校事務職員に対する給与改善については、具体的実行性を伴う措置を検討する」が付けられた。付帯決議の実効性を信じる学校事務職員は少なかった。必要ならば、付帯決議ではなく法案に盛り込むはずであるからである。

◆学校事務職員の独自文化 ||||||||||||||||||||||||||||||||||||||||

　1979年、電産型労働運動の研究者であり、労働社会学を専門とする河西宏祐は、「学校職場における階層構造と反差別意識」を『学校事務』6月号に書いている。東京都の学校職場における階層構造を分析し、「学校職場における教員、事務職員、給食調理主事、用務主事、学童擁護主事などの関係は、私には民間産業における親会社従業員と下請け会社従業員の関係に近いように映る」。「さらに職種の中に本校―臨時工の関係が含まれている性格に近いもののように思われる」と述べている（図表4-1参照）。「調和のとれた学校運営」の実態は、職種、雇用形態ごとに怨念が渦巻いていたのである。反発する「悪い」事務職員が増えていったのは当然である。

　県費学校事務職員は教員の「雑務下請屋」「長年にわたる教育行政の棄民的存在」と怨念を抱くが、その県費学校事務職員へ派遣事務職員は「先生ズラしやがって」「県費職員の一言からサボテンのトゲに刺されるような思い」を抱く。このような不幸な構造を跳ね返すには、「出世拒否の思想」「定着する思想」「平等主義の思想」などの独自の労働者文化をつくり上げる道のりが必要との認識を、河西は示していた[21]。学校事務職員は独自の文化を創造できたであろうか。深く反省するところであり、これからでも遅いことはない。

◆人確法・主任制と学校事務職員 ||||||||||||||||||||||||||||||||||||||||

　「調和のとれた学校運営を」行うために主任制度を定めた文部省令第41号は、1975年12月26日に公布され、1976年3月1日から施行された。

　教務主任、学年主任等の省令主任には、日額200円の主任手当が支給された。永井道雄文部大臣は、「調和のとれた学校運営について」という見解と「補足意見」を発表した。補足意見5において「主任は、中間管理職ではない。また、主任制の制度化は五段階給与を実現するものではない」という意見が加えられた。

　学校事務職員に関しては、以下のように記載され、必置義務ではなかったために、直ちに対応した自治体はごくわずかであった。学校事務職員は、日

図表 4 - 1　1979年、学校職場における階層構造（主に東京都の場合）

職種	雇用形態	職制	雇用主
教育指導	教員	校長	都道府県教育委員会
		教頭	
		主任	
		一般	
	臨時教員	一般	
事務職員	都道府県費事務職員		都道府県教育委員会
	派遣職員		
	区市町村費職員		区市町村教育委員会
	臨時職員		
栄養職員	都道府県費栄養職員		都道府県教育委員会
	栄養士		区市町村教育委員会
主事	用務		区市町村教育委員会
	給食調理		
	学童擁護		
	学校警備		

出典：河西宏祐「学校職場における階層構造と反差別意識」を基に図解

当200円の該当者ではなく、出勤簿を整理し、主任業務を行った日数を集計して、給与報告する業務が新たに加わっただけであった。集計にも心が乱れたのである。この業務を拒否した学校事務職員もいた。

　省令「第22条の５　小学校には事務主任を置くことができる。事務主任は、事務職員をもって、これに充てる。事務主任は、校長の監督を受け、事務をつかさどる」とし、省令要綱「３　小学校に事務主任を置くことができることとし、事務職員をもってこれに充てるとともに、その職務を明確にすること（第23条の５関係）」とされた。1976年１月13日、事務次官通達「学校教育法施行規則の一部を改正する省令の施行について」が出され、「（３）小学校及び中学校には、事務主任を置くことができることとし、事務主任は事務職員をもって充てることとするとともに、その職を規定したこと（第22条の５及び第55条）」、「３　留意事項（３）改正省令の内容の概要（３）関係「小学校及び中学校の事務主任が、事務職員の学歴、経験年数等を考慮して命ずるものであること。（９）その他　ウ　公立学校の事務主任及び事務長

の発令については、当該学校を所管する教育委員会が行うこととし、このことを教育委員会規則でさだめるものとすること」。

これに対して、「事務主任の職務を明確にすることになっていることは、我々の従来の主張と一致するところ」として評価する学校事務職員もいた[22]。

◆西岡武夫の学校事務職員への視点 ||||||||||||||||||||||||||||||||

人確法を導入した中心人物の西岡武夫は、10年近くたった1982年に当時を振り返り、学校事務職員について次のように提案している。1973年に石油ショックがあり、人確法による教員の待遇改善も遅れている。学校事務職員が学校にいるというだけで人確法に混ぜて待遇改善を求めても、それにつながる客観的な情勢ではない。学校事務職員も「教壇の上に立っているだけが教育ではないんだという学校全体の雰囲気作りをしていくうえで果たすべき役割が高まっている」、そのためには基礎的な教育の原理などの資格が必要である。高校卒業者は専修学校で資格をもって、教育的な配慮のもとで仕事をすることは不可能ではない。その上での待遇改善である、と。

この見解で不足しているのは、教育行政の専門性を教育長、校長とももっていない点の現状認識と改善の方策である。今日まで教育行政は学校に勤務したこともない行政職と教育の専門家であっても教育行政の素人が、人と金の配分を行ってきたのである。学校事務職員に求めるのは学校を足場とする教育行政の専門性である。経験的専門性だけはない、専門的力量の形成は西岡に言われるまでもなく必要であった。それが必要なのは高校卒業者だけではなく、大学卒業者にも言えることである。これを身につけたからといって、直ちに待遇改善と連動するものではない。ただ、しっかりと仕事ができることが大切なのである。

◆ 1980、90 年代、生涯学習への転換と学校機能の軽減 |||

1980年代は、グローバル経済の進展の中で、国家の役割が変質し、一国規模での「国民」としての育成と包摂とが困難な時代に到達した。サッチャー、レーガンの「小さな政府」とはこのことを示した言葉である。しかし、日本

ではグローバル経済による国家経済の破たんの影響はまだ少なかった。破たんの影におびえながら、欧米とのタイムラグを利用して、路線転換を進めようとした時期である。エズラ・ヴォーゲル『ジャパン・アズ・ナンバーワン』（Japan as Number One：Lessons for America）が1979年に出版され、その言葉に酔いしれた80年代であった。1979年、「国民生活白書」では、国民の中流意識が定着したと評価している。「一億総中流」という意識が持たれた黄金の80年代。1987年には、臨教審最終答申による生涯学習社会という発想が、学校教育の重要性を相対化させる効果をもたらした。

　一方で、都市中産階級を基盤とする中野区での準公選教育委員会の設置が1978年12月の区議会で可決し、他方では1981年に行政改革関連法による第5次義務標準法の改善計画の凍結、1984年には第1次義務教育費国庫負担制度改悪が大蔵省から提起されていた。それは、1985年1月の文部省「学校給食業務の運営について」の通知による現業合理化と同じ流れの中での事象である。第1次義務教育費国庫負担制度の改悪は、人件費本体までは及ばず教材費、旅費等の除外と地方交付税措置への転換が行われた。

　この混沌とした流れは1990年代も引き続き、1992年に川崎市地域教育会議が動き出し、1997年に高知県の「土佐の教育改革」、1999年に鶴ヶ島市の学校協議会と学校運営の地域、保護者、子どもたちへの主体的な参加の萌芽となる取組が、各地に生まれていた。

　学校機能の国家統制は弾力化されていく。1992年に第2土曜日に限定した学校週休5日制の導入が始まった。

　1995年に経済同友会による「学校から『合校』へ──学校も家庭も地域も自らの役割と責任を自覚し、知恵と力を出し合い、新しい学び育つ場をつくろう」との提言があった。提言では、①学校をスリム化し、②教育に多様な人々が参加し、③子どもが多様な集団の中で成長できるような教育環境を作り出すべきだ、と主張している。そこでは、従来の学校は「基礎基本教室」にスリム化し、その上に「自由教室（芸術教科や諸科学の発展のための教室）」「体験教室（自然やさまざまな人との触れ合い、現実体験の場）」が配置される。社会で任意に行う教育機能として再編しようというのである。基調は、学校における義務教育の縮小である。その上に多様な教育機会が乗る

二重構造である。すでに、学習塾が学校教育を補完している現実からみて、新奇な提言ではなかった。公私混合型教育システムを公然化するものであった。

1996年中教審答申「21世紀を展望した我が国の教育の在り方について」、1998年中教審答申「今後の地方教育行政の在り方」が相次いで出され、21世紀に向けた準備が進められた。それは国と地方との役割分担の見直しである1999年「地方分権一括法」「省庁改革法」の成立と軌を一にしていた。

◆学校事務職員の賃金思想と改善の経緯 ‖‖‖‖‖‖‖‖‖‖‖‖‖‖‖‖‖‖‖‖‖‖

公務員賃金に関して、戦前は身分別（勅任官、奏任官、判任官）に保障されたものであった。市村直人は、1982年に以下のように教員給料の問題も含めて叙述している。

「敗戦後の公務員賃金体系は、1947年まで飢餓賃金の下での生活給であった。1946年4月、600円ベース賃金で高等官と下級官吏の格差を、15倍から7倍半に圧縮した。ところが、47年12月まで管理俸給令は、1号から30号までのただひとつの表であったものを、48年1月から職務の級を1級から15級、俸給月額を1号から10号という『級』と『号』のタテヨコの表に、生活給原理から職階別号俸分類に原則に転換した。この2,920円ベース賃金と呼ばれる給料表に、現在に給料表の原理をみるのである。この時、従来の官吏・雇庸員の二本立給料表は一表に統一された。いわゆる戦後民主主義の幻影の一つである。

そして49年教特法施行、50年教員級別格付基準が人事院より出され、初めて事務職員とわずかな差をつけた。54年には日教組の強い反対を押し切って、義務制、高校、大学のいわゆる三本立給料表、事務職員の分離、雇庸員の分離が強行された。現在の給料表体系はこの54年の体系の枠内にあるのである」[23]。

総合行政を標榜する自治体行政には、さまざまな職域があり、職種が存在する。1954年以来、職域の特色によっては職種ごとの給料体系がつくられている。学校事務職員の賃金もそのようなものとして構想されても不思議ではない。身近に教員用の独自給料表があり、その給与事務の一端を日常的に

担っている職である学校事務職員の関心が独自給料表に向かうのは自然の成り行きであった。もちろん、すべての公務員が 1 本の給料表で成り立ち、また生活給として職務職階制ではない賃金体系を求めることは重要なことである。それには、すべての公務員が全力を傾けて生活給の観点を復活させることが前提である。

◆学校事務職員の独自給料表という現実と限界 ||||||||||||||||

　学校事務職員は戦後、自分たちの生活を成り立たせるために、どのように賃金と向き合ってきたのか。その一つに独自給料表がある。具体化していた埼玉県の経緯を取り上げてみたい。公務員制度の再編時に、埼玉では「学校事務職員給与表」が作られた。ところがこの独自給料表は、当時の県行政職給料表一（県行（1））の 5 等級（国公 5）止まりの給料表であった。これを改善するための取組が続けられた。独自給料表の高水準を支えている特 1 等級についても、1970年に突然に県人事委員会勧告で導入されたが、当初はワタル者のいない"まぼろしの等級"と言われていた。

　職名導入に伴って1975年 1 月からワタリが可能になり、4 月から事務主任、事務主査が付けられた。これは職名が入ったから賃金改善ができたのではなく、県行政職が行（1）5-11から4-8（12）へのワタリが実現されたこととの均衡措置であったのである。そして、1977年、特 1 等級はいびつさを改めるため県行 1 の 4 、3 等級で構成されていたものを、県行政 3 等級 1 本に改善された。その結果、特 1 等級24号俸（45歳）で主査という職名を付けた国 3 ワタリが可能となったのである。独自給料表は1983年には、国家公務員給料でいえば 3 等級までワタリで行ける全国的に見ても極めて水準の高い賃金体系をもつにいたる（図表 4 - 2 ）。

　この経過をみると、独自給料表＝高水準という現象は、学校事務職員が自力で勝ち取ったものではなく、県職員の賃金改善を誘因とする偶然の所産なのである。1980～90年代の高水準は、微妙なバランスの中で存在していた「あだ花」なのである。もちろん、偶然の所産を手に入れるには、それ相応の取組を行う学校事務職員の職員団体の組織的力量は必須であった。

　埼玉県学校事務職員の等級別人数割合をみよう。1984年には、総人数1,209

図表4-2　学校事務職員独自給料表等級別、職名別（1980年代）

国家公務員		埼玉県行政（1）		事務職員	
3	補佐	3　補佐		特1	主査 主任
4	補佐				
		4　係長 主任		1	主事
5	係長				
6	主任	5　主事			
7	係員			2	主事
		6　主事			
8	係員				

図表4-3　埼玉県　事務職員と県職員等級別人員比較（人）1984年

等級	県職員（人）	割合（%）	等級	事務職員（人）	割合（%）
1	104			0	0
2	766	26.3		0	0
3	1,669		特1	573	47.4
4	3,828	39.7	1	499	41.3
5	2,719	28.2			
6	551	5.8	2	137	11.3

学校事務職員合計1,209人

名中特1等級573名（47.43％）、半数弱が県行一3（国公4、3）に集中している。これに比べ県職員は国4以上が26.3％であり、大幅な差が出ている。50歳で国3到達を実現していた（図表4-3）。

　極めて高水準の（人確法以降の教員の賃金水準と比較すると、それでも低い）の賃金が保障されている。この当時すでに、東京、愛知県では試験選考などのハードルが設けられていた。群馬県では事務長（国3）は各教育事務所1名と限定されていた。学校事務職員としては、全国有数の賃金水準を誇った埼玉県でもその後、学校事務職員の組織力が低下するとともに、徐々に給与体系の後退が始まる。それはフリーライダーの増加以上に、知識、気力そして献身という団結力が弱体化したためである。

県費教職員制度という特殊で中途半端な制度の変遷

◆義務教育費国庫負担制度がもたらしたもの ||||||||||||||||||

　第2章において、義務教育費国庫負担法により学校所属が法定されたという表現を使った。図表4-4は制度の構造である。学校事務職員の任用、給与だけではなく、意識も市町村教育委員会との関係、学校のある自治体職員であることから切り離す傾向をもたらした。それは教員においても同様である。しかし国民形成のためだけの義務制公立学校であるならば、学校職員は国家公務員とし、維持管理もその費用を含めて国家が負うのが道理である。ところが戦前は委託業務、戦後は機関委任事務として自治体へ丸投げを行ってきた。

　2000年に地方分権一括法により、公立学校教育の事務は自治事務に区分された。それでも、義務教育費国庫負担制度は維持されている。当初は2分の1、現在は3分の1を負担することで、政府の意向（学習指導要領をはじめ）を最優先する姿勢を改めない。地域に根付いた学校を望むのであれば、義務教育費国庫負担制度という補助金・負担金制度は廃止し、地方財源によって義務教育が実施できるように財政制度も抜本的に見直すべきである。地方分権一括法の欠陥は財源問題に手を付けられなかったことである。そのことは、義務教育以外の分野でも積み残された重い荷物となって自治体の財政を圧迫している。

◆1979年、大蔵省が仕掛けた第1次義務教育費国庫負担問題 ||||||||||||||||||||||||||||||

　学校事務職員の職業生活を成り立たせている一つの柱は、義務教育費国庫負担制度である。義務教育費国庫負担制度は図表4-5に見られるように変遷を重ねてきた。その柱を突然に倒す試みが大蔵省サイドから打ち出されたのは1979年のことであった。7月、新聞各社の紙上に、大蔵省からのリークと思われる義務教育費国庫負担制度見直しの記事が掲載される。

図表4-4　義務教育費国庫負担制度特定三職種二層構造

国庫負担割合	制度
1／3	二層目　義務教育費国庫負担制度（義務教育費国庫負担法）
2／3	一層目　県費負担教職員制度（市町村立学校教職員給与負担法）

※　政令指定都市に関しては2017年4月より一層制
※　特定三職種は、教員、事務職員、学校栄養職員

　11月14日、財政制度審議会第1特別部会において、大蔵省から義務教育費国庫負担制度改革が示される。

　一つは、「事務職員・学校栄養職員」を、国庫負担制度から除外することで、事務職員33,000人分720億円、学校栄養職員8,000人分160億円を削減する。理由は、義務教育に国庫負担する理由は教育の機会均等とその水準の維持向上とを図ることにある。この基本理念からすれば、「教壇に立つ先生の給与について国庫負担を行うことは必要であるとしても、事務職員や学校栄養職員の給与まで、国庫負担する必要はないものと考えられる」という直截なものである。人確法導入と同じ理由である。

　2つは、「旅費、教材費、共済費、恩給費等」を除外することで、共済費2,600億円、恩給費250億円、児童手当10億円、公務災害補償基金負担10億円、旅費220億円、教材費130億円を削減する。

　3つは、「地方交付税不交付団体の国庫負担の10％削減」であった。地方交付税とは、自治体間の財政不均衡を是正し、必要な財源を保障するものである。本来は自治体間相互で調整し合えばよいのであるが、日本では、国から自治体に対して交付する制度となっている。

　基準財政需要額―基準財政収入額を財源不足として配分するが、その配分は国の裁量であり、これによってひも付き補助金のように地方をコントロールする手段にも使われている。

　地方交付税の原資は、所得税・法人税の33.1％（2015年度から）、酒税の50％（2015年度から）、消費税の22.3％（2014年度から）、地方法人税の全額（2014年度から）とされている（地方交付税法第6条）。なお、1984年度の都道府県での不交付団体は東京都、愛知県であった。それ以外は交付団体である。

図表4-5　義務教育費国庫負担制度の変遷

年	義務教育費国庫負担制度の変遷
1940	旧義務教育費国庫負担法、給与諸手当（実額1／2）
1943	旅費
1948	退職手当
1950～1952	地方財政平衡交付金制度により制度廃止
1952	義務教育費国庫負担法（議員立法）成立（7月）、公布（8月）
1953	義務教育学校職員法案廃案（全額国庫負担、教職員政治活動禁止）
1953	**新義務教育費国庫負担制度（事務職員、教材費新設）実施**
1956	恩給費適用
1962	共済費適用
1967	公務災害補償費基金負担金適用
1974	学校栄養職員適用
1985	教材費、旅費の一般財源化
1986	児童手当適用、共済費追加費用、恩給費等の負担率削減、地方交付税不交付団体に係わる退職手当の積算率の引き下げ
1987	共済費長期給付の負担率引き下げ、地方交付税不交付団体に係わる退職手当の算定率引き下げ
1988	地方交付税不交付団体に係わる退職手当の積算率引き下げ
1989	共済費長期給付、共済費追加費用及び都道府県条例による退職年金給付費、恩給費の負担率引き下げ
1990	共済費長期給付の国庫率復元
1991	共済費追加費用の国庫負担率引き下げ
1992	共済費追加費用の国庫負担率の段階的な引き下げ（1994年に0）
2004	総額裁量制へ移行
2006	義務教育費国庫負担法負担率1／2から1／3へ
2018	政令指定都市へ義務教育費国庫負担移譲

◆義務教育費国庫負担制度を維持する文教関連団体の取組 ||||

　所管官庁である文部省は、11月17日に、制度改革案に対する意見を取りまとめた。しかし、一般の教職員にとって給与等の財源がどのようになっているかについて考えたこともなく、職種が学校事務職員、学校栄養職員に限定されたねらい撃ちであったことも含めて、反応は鈍かった。学校事務職員にとってみても、職員室での話題に上らない、遠い世界の話に聞こえたのであった。賃金確定闘争において昇給昇格基準は切実であっても、国庫負担制

度は盤石のものとされてきたので、その意味をうかがうことができなかったのである。徐々に課題の深刻さ、つまり教壇に立たない職としての二流の学校職員とされた屈辱と国庫負担の歯止めがかからぬことで行政合理化の対象職員となるとの「職存亡の危機」感からの反対の運動が全国に広がっていった。学校事務職員が加盟する職員団体、職能団体、任意団体からの積極的な働きかけにより、地方議会からは例年「義務教育費国庫負担制度の維持に関する意見書」が採択され、地方自治法第99条に基づいて政府や国会へ提出された。また、大蔵省・財務省を目指した予算要求の大規模な動員体制による中央行動が毎年くり返された。「地方から中央を包囲する」取組であった。

　義務教育費国庫負担の縮減措置は、1985年／教材費、旅費の一般財源化、1986年／共済費追加費用、恩給費等の負担率削減、地方交付税不交付団体に係わる退職手当の積算率の引き下げ、1987年／共済費長期給付の負担率引き下げ、地方交付税不交付団体に係わる退職手当の算定率引き下げ、1988年／地方交付税不交付団体に係わる退職手当の積算率引き下げ、1989年／共済費長期給付、共済費追加費用及び都道府県条例による退職年金給付費、恩給費の負担率引き下げ、1990年／共済長期給付の国庫率復元、1991年／共済費追加費用の国庫負担率引き下げ、1992年／共済費追加用の国庫負担率の段階的な引き下げ（1994年に0）、このように長期的・段階的に国庫負担の引き下げが実施された。

　しかし、人件費本体への削減の実施はとうとうなかったのである。「阻止した」という自己満足的な表現も使えるかもしれない。確かに、中央だけではなく、地元の県庁を囲んで、まだ歩けなかった2人の幼子を抱いて家族ともデモンストレーションの列に加わったことも、私の思い出の中にはある。しかし、大切なことは取組を介して、学校事務職員自身が何をつかんだかである。

　1991年末に、10年間の義務教育費国庫負担堅持の取組を踏まえて、以下のような反省と発想の転換が必要と私は考えるに至った。

　「国庫問題は、私たち学校事務職員にとって廃職に至る職存亡の危機であると同時に、改めて、私たち自身が自らの職の意義と、自らの生活のあり様とを見直していく、絶好の機会であったのである。魅力ある学校事務労働は、

学校事務職員全体の毎日の創意工夫によって作られるものだと思う。共同の努力が積み上げられるべきだったのだ。だが、この間の現実は、例えば業務問題をとってみても、学校事務職員の下からの創意工夫を積み上げ、学校事務職員の存在感を増やしていく方向には動いてこなかった。都道府県教委や地教委サイドからの計画的な改変によるものが多いのであった。市町村レベルまで波及してきた学校予算のオンライン化、あるいは大阪の事務センターなど焦点となった問題で、学校事務職員の主体的力量が強化されたという話はきかない」[24]。

　第1次義務教育費国庫負担についての経過と多様な視点については、『学校事務職員の給与費等の国庫負担問題の10年』に詳しい[25]。

◆ 「明るい未来があるとすれば」||||||||||||||||||||||||||||||||||

　1980年に市川昭午は、宮崎県公立小中学校事務研究会で講演して、学校事務職員の未来を地方教育行政の根源からの改革に重ねている。その言わんとするところをまとめると、アメリカの教育委員会は、School Board であり、直訳すると学校理事会、学校委員会である。公立学校の管理運営する教育事務をするのであって事務局職員と学校事務職員とは別物ではないし、直輸入した日本の教育委員会制度にあっても本来同様であるべきであった。戦前からの人事管理は都道府県、物的管理は市町村、教育内容は文部省という分担方式が残ったままになり、問題を生じている。

　学校事務職員問題の根源には地方教育行政の機構の問題が存在する。小規模の市町村教育委員会事務局は弱小で役に立っていない。これを変える必要がある。そのためには、屋上屋を重ねている県教育委員会の役割を限定する。弱小教育委員会を10万人以上の「中間学区」に統合し学校経営管理する。そして学校単位の自由化である。

　このようにして、「地方教育委員会の責任と権限が大きくなった場合には、地方教育委員会の事務局とか、学校における事務職員の権限と責任も大きくなりますが、これは喜ばしいことである反面、大変なことであります。それを担っていく力量が事務職員に、あるかどうかが、厳しく問われてくるからです」。「地方教育委員会による自主的な学校経営が可能となるでしょうし、

学校の自由裁量の余地も多少は拡大するでしょう。そうした点において、学校事務職員の将来は、わずかであっても明るい面が見いだせると思います」と地方教育行政機構の整備を実施すること、それに一体的に参加することが、待遇改善より先に行うべきことであるとの認識を示している[26]。

　基本的な方向性として、優れた視点を提示している。さらに、学校は京都市の番組小学校がそうであったように複合施設とすること、そして地方の教育の自主、学校教育の自由を実現する自治を支える公選制度や財源確保の視点が加わると、より実体化が進められる。義務教育費国庫負担問題には触れているが、財源的な制約がある中で民主的な取組が必要という一般論しか述べられていない。民主的な運営をするための保障となる正統性は公選制の教育委員、あるいは学校運営の協議会委員が必須である。その後の歴史の推移をみると、市川昭午が提示した明るい未来に似て非なる制度が次々と国家的な要請として制度化されてしまったのである。

　学校事務職員は、相変わらず目の前の待遇改善に結びついた発想の中で、義務教育費国庫負担問題に対処し、教育事務として教育委員会事務局と一体となるのではなく、21世紀になっても、一方で中間的な「学校事務の共同実施」「事務センター」「共同学校事務室」という「たこつぼ」に入り、他方で「チーム学校」内でのミドルリーダーを目指して「学校・教師の働き方／働かせ方改革」の受け皿となっているのである。主体的な学校事務職員の働き方改革は論じられていないのである。このことは21世紀の課題で検討する。

◆学校事務職員と学校栄養職員の道は分かれた ||||||||||||||||

　大蔵省・財務省からの義務教育費国庫負担制度の削減・廃止の渦中にあって、学校事務職員と学校栄養職員との身の振り方は大きく分かれた。栄養士の資格職であることをばねに教員への一体・同化政策を、学校事務職員は学校から逃亡・離脱を図ったのである。学校栄養職員は、栄養教諭（管理栄養士資格）を実現した。学校栄養職員の乗り切り策は、食育という新たなイデオロギーに乗って成功した。

　2003年6月に「経済財政運営と構造改革に関する基本方針」が閣議決定され、2005年、食育基本法が成立した。学校における給食の献立作成や栄養管

理に加えて、食育の推進に中核的な役割を担うことが期待されている。大学で栄養教諭養成課程を修了することが条件だが、学校栄養職員として一定の経験があれば、県教委の講習などを受けて資格が取れる。その配置は各地方自治体や設置者の判断に委ねられているため、積極的に学校栄養職員からの栄養教諭への転換を図る自治体とそうでない自治体では配置率の凸凹が大きいのが実態である。

　学校事務職員はどうか。1990年、大阪市学校事務センター発足から 2 か月後、5 人の所員が座談会を開いている。ここで語られているのは「文化が違う世界」ということであった[27]。

　「指揮、命令というような言葉が基本的にある社会というものに入ってきていることが、大きな異文化の体験であると思います。（中略）学校はユートピアという中で、子供をはぐくんでいる世界である。それと、現実世界をしている下界がある。この間の異文化を感じるのです。（中略）その下界と対応できる場所こそがセンターじゃないかと思います」。

　市川昭午が表現した「駐在員」は、学校にずっと駐在したままでいることは不本意であった。しかし、教育委員会事務局の外局に、学校事務職員の明るい未来があったのだろうか。大阪市の学校事務センターを高く評価したのは清原正義であった。「学校事務職員がいる『センター』が教委と学校の間に介在することによって学校の仕事がやりやすくなったという評価も多い。つまりこの学校の事務職員が職務を行うに当たって支援・サービス機能の効果も大きいと思われる」[28]と。

　学校事務職員は、大阪市の学校事務センターを成功例として、学校事務の共同実施という教育委員会でもなく学校でもない教育行政組織の中二階に居場所を求めたのである。しかし、2010年になると大阪市では、大阪市学校事務センター 3 か所は廃止し、本庁事務局経理事務部門と統合した学校経営管理センターを設置している。統合化のねらいの一つは、2013年までの120人削減計画であった。

　大阪市学校事務センターが始まってから30年近くたった全国の学校現場では、指揮命令が普段の風景となる校長を頂点とするピラミッド型学校運営「チーム学校」が行われ、「文化が違う世界」ではなくなっている。共同実施

に出かけなくても、「異文化」は体験できる時代となってしまった。隣の芝生は青くみえた。隣の芝生から声もかかり、文部省・文科省からの、それを学校運営に役立てる要請が進んだ。踏み出した道に茨は生えていなかったのか。

◆学校事務の共同実施という中二階制度が始まった ||||||||||||

　市費学校事務職員の学校からの引き上げの受け皿として教育委員会の外局的な機能として始まった大阪市の学校事務センターは、全国的な注目が集まり、文部省・文科省もその構想を下敷きにした全国的に学校事務組織の新装開店を図ってきた。学校事務職員に関しては、1998年、中教審答申「今後の地方教育行政の在り方について」において、学校事務の共同実施が打ち出された。1999年、文科省の教職員定数加配に「学校事務の共同実施研究」が加えられて、21世紀になってゆっくりと広がっていった。

　当初の学校事務の共同実施の背景は、教育行政の合理化による県教育委員会の出先機関であった教育事務所（それこそ10万人から30万人規模程度で市町村教育委員会を指導助言した）の縮小廃止対策であった。教育事務所を廃止した場合の、給与関係等の総務事務の中間的なとりまとめ（相互チェックなど）を代行するための受け皿として機能させられたのである。その後、教員の多忙化解消を理由に変容していった。図表4-6を参考にして変容を見てほしい。

　学校への帰属でも、教育委員会への帰属でもなく、学校事務の共同実施（拠点校に定期的に集まり、あるいは拠点校に在籍しながら定期的に赴任先に顔を出す）という中間的な、まるで中二階にいるような天井が低く狭くはあっても、隠れ家のような居心地の良い制度である[29]。それでさえ、全国的に定着し、「共同学校事務室」に到着するまで、構想から30年がたつのである。

図表 4 - 6　義務制　学校事務の共同実施の経過

年	事象	説明
1990	大阪市「学校事務センター」	中学市費事務職員を 4 か所のセンターに配属し、学校事務の共同事務処理機関。庶務経理、備品調達管理、徴収金、旅費、連絡調整。学校財務取扱要綱制定
1998	中教審答申「今後の地方教育行政の在り方について」	学校事務の共同実施
1999	定数研究加配	宮崎県、千葉県市原市、島根県鹿島町など学校間連携、共同実施。給与、旅費、学校徴収金、就学援助事務
2000	教職員配置の在り方等に関する調査研究協力者会議	事務職員は研修等による専門性の向上を図り、事務の共同処理を推進する必要
2001	第 7 次定数改善に共同実施加配	施行規則第 5 条第 3 項による特例加配（事務処理の拠点学校）。初年度145（宮崎 6 、兵庫13、 5 年間で726）人
2004	中教審初中教育分科会教育行財政部会「学校の組織運営に関する作業部会」	拠点校に共同実施組織をおいて事務職員が集まって共同の事務処理を行う
2005	中教審「義務教育特別部会における審議経過報告」	事務の共同実施や共同実施組織の事務長を置くことを検討する
2007	中教審答申「今後の教員の給与の在り方について」	教員の事務負担の軽減のために事務の共同実施、事務職員の資質の向上
2009	学校教育法の一部改正	事務処理体制の充実のために、小中学校に事務長を置くことができる
2010	中教審初中教育部会「今後の学級編制及び教職員定数の改善について」提言	教員の事務軽減策として校務情報化提言
	大阪市「学校経営管理センター」	大阪市学校事務センター 3 か所廃止し、本庁事務局経理事務部門が統合した学校経営管理センターを設置。2013年までに120人削減計画
2015	中教審「チームとしての学校」答申	副校長・主幹教諭など中間管理職（ミドルリーダー）を拡充する。
2017	地教行法改正「共同学校事務室」	必置ではないが、学校事務の共同実施のための組織。学校間の事務処理の標準化等。室長の設置。処理する事務は政令により 3 点の規定（教材教具等の共同購入、給与旅費の支給、その他）
2019	東京都「東京学校支援機構」設立	教員の働き方改革推進のための第三セクター。都立高校と市区町村立学校への「共同処理が可能な学校事務を集約実施」、「学校施設の維持修繕を効率的、迅速に処理」をする機能

職務あるいは学校事務労働

◆学校事務の４領域 ||||||||||||||||||||||||||||||||||||||||||||||||||||

　学校事務の職務を、教育無償に向けた学校財政、普遍主義の教育福祉、ま
ちづくりと一体の学校、総務事務縮小の４領域に区分する（４領域全体は5
章で取り上げる）。そのうち、20世紀後半では総務事務から学校財政へ重点
が移っていった。総務事務と学校財政について検討する。

◆総務事務領域、かつては筆頭の業務であった ||||||||||||||||||||

　県費学校事務職員として共通する職務は、県費教職員の給与・旅費・共済
業務である。いわゆる総務事務を代表する職務である。業務の電算化が浸透
する以前には行政の各課の筆頭は総務係であった。総務、つまり全体を把握
する係が個別課題を担う係より重要な統括ポストとみなされた。学校でも同
じである。個別的な教授活動をする係よりも、学校を総務する係が重視され
ないと、学校運営は成り立たないはずである。

　すでに述べたように給与計算は手書きの調書であり、また支給においても
現金支給の時代が長く続いた。給与という財政面から教職員を全体的に把握
することが求められた。これらの業務も区教育委員会に委任されてきた東京
都を除いて、多くの都道府県ではその出先の教育事務所が学校の教職員の給
与等の取扱いの窓口であり、学校事務職員が交通機関を乗り継いで半日がか
りで提出した書類を検認して収受した。

◆煩雑であった給与現金支給事務 ||||||||||||||||||||||||||||||||||||

　給与等の現金支払いは、最寄りの金融機関まで資金前渡担当者を含む複数
人で受領し、鍵のかかる部屋において仕訳し、給与袋に詰め込み、出勤簿を
確認しながら、教職員一人一人の捺印を得て手渡すという毎月のルーティン
があったのである。現金強盗の被害や給料袋の紛失もある時代に、その責任
が問われかねない資金前渡担当者に教頭がなるのか学校事務職員がなるのか

で、それぞれの思惑が入り乱れもした。

　学校事務職員にとっては、現金支給の段になって法定外控除が強制され、控除するためには、事務室で現金の種別を再計算する必要があった。控除項目には、校内の親睦会費、PTA会費、団体加盟の各種保険、教員が個人的に購入した図書、洋服代金の月賦支払、そして職員団体の組合費まで多種多様であった。戦後間もなくの統制経済の影響で物資が不足していた時代の共同購入の名残が、長時間勤務で商店に買いに行けないことを理由に学校職場で長く残存していたのである。

　学校事務職員の論理からすれば、個人が自分で支払うものであって、法定外控除を強制される理由はなかった。したがって、組合費も三六協定を結び法定控除として事前に控除されるのであれば、現金支給日（あるいは前日）に再仕訳し集金する危険を冒すことなく、解決できる問題である。しかし、この論理は受益を受ける多数の教員にしてみれば、天引きされればいいので、それを拒否する学校事務職員は許すことができないという感情が爆発する。職員会議で、違法な控除はできない旨を、たった一人の学校事務職員が語るのである。教員という職場の多数職種の「数の論理」によって、吊るし上げを受けた学校事務職員も存在した。

　埼玉県にあっては、1977年2月23日、学校事務職員の意向を受けて、給与支給者である埼玉県は「教職員に対する給与の支給について」の通知を発して、根絶を図った。全県1,002校へのアンケート調査の回収率は30.1％。学校事務職員の校内控除拒否の希望は90.1％であり、校内控除を拒否した学校数は回答302中186であり61.6％であった[30]。このように成果を上げた県は、実は少数にとどまった。

　1974年の人事院勧告で、自治体に一斉に給与振込制導入が進んだ。しかし、全員全額の給与振込を強制できないため、学校現場では長く現金支給は残った。学校は地域密着の公共施設であるため、金融機関が近くにないケースが多々みられる。コンビニエンスストアも広がっていない時代であり、ましてやキャッシュコーナーもなかった。現金支給がないと教職員は生活に響くのであった。1980年代初頭には自治体の総合オンライン化と銀行の第2次オンライン化が結びつき、振込の自動入金、電気代など生活費用の自動引き落とし

が可能となり、ようやく全額給与振込を求める教職員が拡大していった[31]。

◆人事給与システムの高度化と教職員人数の減少により総務事務は縮小の一途 ||||||||||||||||||||||||||||||||||||||||||||||||||||||

　1970年代以降、人事給与システムは最初本採用者のみが該当であった。順次、臨時的採用職員まで拡大するなど高度化していった。やがて発生源入力など諸手当も含めた人事給与システムが整っていくことになる。それは職員給与を扱っている職種でありながら、給与計算ができない学校事務職員となることでもあった。給与支給に関しても、金融機関への振込が拡大し、やがてキャッシュレス化の時代が到来しようとしている。

　この人事給与システムは、自治体にあっては諸手当の認定を含めて、総務事務センターに一括し、それを丸ごと民間委託する動きは早かったが、義務制学校の教職員に対しては人数が多いこともあって、システム化が遅れ、教育事務所業務の統合、縮小、廃止を学校事務の共同実施に代行させることで、省力化を図ってきたのである。

　小川正人によれば、2000年前後まで教育事務所がないのは滋賀、奈良、徳島県だけであり、その後2001年前後に長崎、三重、和歌山、山口県で教育事務所が廃止された。あり方について見直しを実施した県は31、見直しを今後検討している県が11、存続を予定しているのはわずか2県であるという都道府県教育長協議会第3部会の報告書を引用し、その背景として大分県の事例を示し、平成の大合併、県行財政改革で教育事務所定数を10％削減などの要素を挙げている。さらに学校事務の執行体制の改善（学校事務の共同実施体制の整備、給与事務の一部の市町村への権限移譲等の推進）も挙げている[32]。

　したがって行政合理化からする採算性だけの問題が、学校事務の共同実施が成り立つ基盤となっている。学校事務職員にとっても、給与関係業務が主要な業務とはならなくなってきている。人事給与システムの高度化によってばかりか児童生徒数の減少は、学校規模を縮小させ、扱う教職員数も大幅に減少している。外部化による採算も可能となってきているのである。人件費で賄うほうを選ぶのか、設備投資して情報ネットワークを開発して利用するのか、それも含めて民間委託するのかは、そのために公務員を削減して費用

を捻出するかどうかは、学校事務職員の将来ビジョンのためではなく、財政的な判断の問題なのである。この過渡期という隙間に、学校事務の共同実施がはめ込まれた。

　財務会計システムもやや遅れて実施される。世田谷区において学校に端末を導入して実施した学校財務オンラインシステムが、早い事例であった。「大阪府立高校パソコン・ネットワーク」や「東京都の『金銭会計出納事務機械化』は、ここまできている」などのコンピュータ問題について、『学校事務』1982年12月号が特集を組んでいる。この特集に、私は当時最先端の校内システムを構築し、「キャッシュレス大学」と呼ばれた長岡技術科学大学を取材した記事を載せている。学生一人一人が自分の ID カードにより授業の出席確認は当然として、学食の支払い、電子式ドア開閉制御装置による図書館の入退館と貸出。教職員は全員全額を預金口座へ振り込んでいた。大学の学校事務職員は従来の総務業務から解放され、ID カードによる教職員、学生の授業への出欠席などの行動監視に守備範囲が変更されているのをみて、学校事務職員の将来を垣間みたのであった[33]。

　長岡技術科学大学において1980年代初頭に実施していた大方のシステムは、21世紀のはじめの20年間でほぼ一般化されてきている。

◆学校財政領域への重点移行 ||||||||||||||||||||||||||||||||||||||

　明治以来の学校事務職員の歴史を振り返ってみると、学校財政への無理解に悩む姿が浮かび上がってくる。世界的にみて、元祖教育委員会制度のアメリカでも、本来、学校運営は教員の仕事ではないし、なかった。天皇制教学が席巻した時代以降から現在までの日本のように学校運営を教育行政の素人が教育万能のように行うとき、ひずみが出るのはいうまでもない。

　学校事務職員の業務としての総務事務が機械化されて、業務量が軽減されるとともに、学校財政への重点移行が進んだ。

　高度経済成長後は、学校予算もある程度のボリュームとなり、教育委員会事務局で一括処理することでは追いつかなくなる。そこで需用費は学校で執行し、金額の大きな学校施設関係は教育委員会事務局が、学校からの意向を聴取しながら執行する分担が行われる。しかし、学校事務職員からすれば、

経常経費が主である需用費では、例年とほぼ同じ執行をすればよいだけなので、たいした工夫も要しない。ままごとのような規模の配当予算で、100円の削減に数時間を要するのでは、学校事務職員の人件費に比べて採算が合わない。削減効果があるのはいっそ学校事務職員の削減ではないか、などの冗談も聞こえてきた。学校施設の保全に業務を拡大するのは、道行であった。もちろん、ままごとのような学校予算の執行にさえ踏み出さず、総務事務に時間をかけて、丁寧な書類づくりに励み、1日を過ごす学校事務職員も見受けられた。市町村教育委員会でも、県費職員に市町村業務を行わせることに抵抗感を持つ地域も存在した。学校予算への重点移行は、現在でも続いている課題である。

◆1970年の文部省『わが国の教育水準』から読み取る |||||

　公費によって公的施設の学校は運営されなくてはならない。しかし、配当される学校予算だけでは学校は賄うことはできない。これまでもみてきたように、戦後だけではなく、明治以来、地元からの強制的寄付（税外負担）や保護者からの学校徴収金（恣意的徴収の広義の授業料）は、学校運営の不可欠の要素として組み込まれている。学校も収入と支出をみる必要があるとの視点から、「学校財政」と把握すべきである[34]。

　文部省は、公費だけではなく保護者からの徴収金があることを前提に国民の教育費負担を計算してきた。「昭和45年度文部省　わが国の教育水準」では、公私費合算の国民負担をかかげ、アメリカとの負担率の推移の比較を試みている。1955年／日本6％、アメリカ合衆国5.1％。1960年／5.7％、7.5％（1961年度比較）。1965年／6.9％、8.7％。1968年／6.2％、―。60年代、日本はアメリカに比べ国民所得に占める教育費の割合が低く、以下にみるように保護者への過重負担が起きていた。

　その上で、就学援助制度に言及し、「アメリカ合衆国では、通常の場合、学校はクレヨン、ノートなどのような学用品を支給している。また、児童・生徒の通学に当たっては、スクールバスが使用され、それらの購入の経費については、州などから補助金が交付されているため、父兄の負担はほとんどない。したがって、わが国のように生徒個人を対象とした就学援助はほとん

ど行われていない。

　イギリスでは通学困難な児童・生徒は寄宿舎に入れ、しかも父兄にその経費の負担能力がない場合は地方教育当局がその費用を負担することになっている。フランスでは学童の就学援助の施策として、国が市町村を通じて支出する『学校金庫』の制度がある。この制度は1867年に貧困家庭の児童の就学援助を目的として設けられたものであるが、その後、貧困家庭の児童ばかりではなく一般児童もその対象としている。1951年に『学童をもつ家庭に対する補助法』によって、学校金庫に対する国保補助金は大幅に増額された」と記している。

　日本にしか学用品等の税外負担がない。そのためその補填のために存在する就学援助制度という選別主義的な制度が存在している。

　なお、就学援助には学用品以外の学校給食費も支給される。アメリカでは、貧困世帯への給付としては、学校給食用のチケットが配布されている。アメリカばかりではなく、イギリス、フランスでも保護者負担がないように施策が組まれていることを文部省も認識してきた。日本では対策として、誰もが適用される普遍主義的な財政投入を行わず、権利としての改善ではなく、選別主義的な就学援助制度、いわば貧者に対する恩恵的な給付によって事態を糊塗してきたのである。嘆かわしいことである。

◆国家からの補助が削減された20世紀後半の時代 ||||||||||||

　学校教育が、教職員人件費、学校施設管理費、そして需用費から成り立つのは、自治体一般の経費と同じである。いずれも費用を負担するのは設置者である。ところが、教育は国家が国民教育として実施するという発想のもと、日本では、業務を自治体に委託するという制度的な枠組みができ上がる。国は、学校職員のうち主要な三職種のみに、負担金によって責任を分担するという制度がつくられている。しかも、2分の1から3分の1負担に削減をしたのちでも、全額負担のように大きな声で口出しをする。

　また、学校施設の新築、大規模増改築など一時的に多大な経費がかかる場合についても、国から一定の割合で補助を行う制度も存在している。

　さらに、主たる教材である教科書については、国が負担する制度もでき上

127

がっている。これらについては、すでに経過を追って問題点を含めて、みてきたところである。しかし、すべてを国家が財政的な補助を行っているわけではない。その象徴的な課題が、主たるではない補助教材や教具の費用である。

　このような補助教材と教具に関して、文部省・文科省も補助を検討してこなかったわけではない。教材費について、教職員人件費とともに義務教育費国庫負担制度の項目に載せていた時期もあった。ところが、義務教育費国庫負担制度についてのところでみたように、1985年に法第3条が削除され教材費の法的根拠を失う。地方交付税交付措置に変更された。詳しく以下で検討をする。

◆教材費へのまなざし ‖‖‖‖‖‖‖‖‖‖‖‖‖‖‖‖‖‖‖‖‖‖‖‖‖‖‖‖‖‖‖‖‖‖‖‖‖‖‖

　戦前、内的事項は国家直轄であり、国家に結びついている限りで教員のものであった。ただし、戦後には、内的事項は教育基本法第10条の解釈と結びついて、教員の独断で行えるように誤った言説が飛び交うようになった。戦後、教材教具は、文部・文科省が定める学習指導要領に対応したものとなった。ただし、従来通り、教材を整えるのは設置者の役割であると、外的事項は地方に転嫁したままである。

　文部省が定めた「教材基準」品目は学級規模に応じた個数を備えることが求められ、約30年間（1953〜1985年）は義務教育費国庫負担法によって予算措置が行われ、設置者に交付されていた。当時を振り返ると、設置者にはほとんど裁量の余地のない窮屈な執行を強いられた。十分でないだけではなくミスマッチした教材教具では、別に自治体予算で教材教具を購入しなくてはならない不都合も起きた。高度経済成長が止まると国の財力が尽き、国庫負担から削除され、地方交付税措置に変わり、教材基準の効力もなくなった。教育課程を管理・執行する自治体（教育委員会）の裁量となった。2020年現在、自主財源に800億円程度の地方交付税交付分を加味した独自の教育予算を各自治体は組んでいる。そして教育課程を編成する学校（校長）は、教材教具について権限と責任をもって選定・購入・使用状況・補修の業務を行うことになっている。教材教具について負担主体に着目した分類を図表4-7

に示す。

　ところが、一部の自治体を除いて財力がないのは、国以上である。そこで毎年のように学校に令達される予算額は減少する。減額される不満を抑えるために校長権限を強め、配当費目の枠にとらわれない総額裁量予算（総額内で比較的自由に執行が可能）を導入する自治体も横浜市のように現れている。でも、それは総額が減るのであるから、焼け石に水の小手先の対応策でもある。

　それでも、学校事務職員が関わって予算会議を開き、民主的な配分と経費節減に努めてきた。学習指導要領が変わると、使用する教材教具も変わる。主たる教材の教科書は新しくなっても、他の教材教具は年次計画を立てるしかない。満了するまでの間は教材教具が不足している状態である。10年計画の終了近く、教材教具が教える内容に対応する頃には、新たな学習指導要領が始まる。その繰り返しである。

　教材教具が国と地方と保護者によって負担されている根本的な原因は、教育課程を定める文科省が、実施時に教科書同様の予算措置を行わずに、教材教具を揃えることを自治体に委ねることにある。解決への考え方は、教育課程を定める主体と教育課程を管理執行する主体（教育課程を編成する主体）を同一にすることである。

　方法は三つである。一つ目は国が定めた教育課程に応じた教材教具を国が用意することである。なお、そのときは教職員の身分もフランスやイタリア同様国家公務員とすることが理論的な一貫性である。二つ目は教育課程の定めを管理執行する主体へ権限を移すことである。そのときは財源不足にならないように、地方交付税の算定基準も見直すことが必要になる。三つ目の方法はより現実的である。教育課程の定める範囲を諸外国並みに大幅に大綱化することである。日本でも、教育特区で始まった公設民営の一貫校では教育課程は大幅な弾力化を行っている。教育内容と条件整備は別のものではありえない。一体的な判断を可能にしていかねばならない。その場合も地方交付税の算定基準は改める必要がある。

　教育内容は定めるが、それを実施するための公的財源は不足したまま放置することが許されてきたのには理由がある。それは、保護者への学校徴収金

図表4-7　教材教具の分類

	区分	品目	負担主体	負担区分	備考
教材教具	主たる教材	教科用図書	国庫	特定補助金（デジタル教科書は該当外）	1
	補助教材・教具	教材、教具	設置者	自主財源、一般補助金	2・3
			保護者	学校徴収金、強制的寄付	5
		補助教材	設置者	自主財源・一般補助金	4
			保護者	学校徴収金	5

備考
1　特定補助金は「義務教育諸学校の教科用図書の無償措置に関する法律」に基づく。
2　一般補助金は地方交付税
3　教材、教具に関しては、1953〜1984年まで義務教育費国庫負担制度（特定補助金）として、その後は地方交付税として、学習指導要領課程に合わせて交付する。
4　補助教材は地教行法により「教育の内容の充実を図るのに有効適切と認めるものを選定」する。
5　設置者と保護者の負担区分は、かつての文部省「教材基準」や地方公共団体「学校運営費標準」がある場合には、参考にできる。

などの税外負担を強いることができたからである。

◆税外負担の禁止

　1960年、地方財政法の改正により、第27条の3が加えられ、「市町村は、法令の規定にもとづき当該市町村の負担に属するものとされる経費で政令で定められるものについて、住民に対し、直接であると間接であるとを問わず、その負担を転嫁してはならない」[35]と定め、施行令第16条の3には具体的に、「市町村の職員の給与に要する経費」と「市町村立の小学校及び中学校の建物の維持及び修繕に要する経費」が負担転嫁することができないものとして明示された。これに対応する措置として地方交付税の基準財政需要額の単位費用の引き上げも行われた[36]。

　これを受けて、1960年、文部省通達「教育費に対する住民の税外負担の解消について」[37]が出された。この通達では「（1）市町村の職員の給与に要する経費　市町村立の小学校および中学校等の職員のうち、学校図書館司書、学校給食調理員、事務補佐員、使丁、給仕等の給料、諸手当、報酬に要する経費（地方自治法第203条および第204条）、（2）市町村立の小学校および中

学校の建物の維持および修繕に要する経費　市町村立の小学校および中学校の校舎、屋内運動場、寄宿舎等について必要な維持および修繕に要する経費（新築、増築、改築等に要する経費は含まれない。）」と、税額負担禁止項目が列挙されている。この通知を受けて、いくつかの自治体では同種の通知を発している[38]。

◆学校事務職員の中心的な職務は学校財政 ||||||||||||||||||||||||

　学校事務職員は学校予算会議で決定した教材教具を迅速に執行することに精力を傾けてきた。中には、公費予算だけではなく、税外負担である学校徴収金も合わせてやり繰りを行っている人もいる。やむを得ず行うのである。確かに公務員として「してはならないこと」なのだ（職務専念義務違反である）。公的施設で行う公的な事業は、公金によって賄う原則は、公務員にとってイロハである。せめて、学校給食費に加えて、教材教具費である学用品等も公会計処理をすることが望まれる。そして、普遍主義で行うための財源が確保されるまでは、就学援助等の円滑な執行に心掛けたい。

　その先には公教育の無償化を展望する必要がある。それは配当された範囲での予算の割り振りや市町村教育委員会への不足分の要請という校内での日々の努力だけでは足りない。財源を握る市区町村、あるいは都道府県規模での改善の取組が必須である。

◆東京都「学校運営費標準」 ||||||||||||||||||||||||||||||

　具体的な取組も行われてきた。文部省がかつて定めた「教材基準」品目のように、東京都教育委員会は、「学校運営費暫定標準」によって私費負担削減と教材の正常化を図っていた。1964年度決算によると教育費は小中学校合わせて735億円であり、その1割が私費負担であった。特別区では、私費負担が62億円、そこから学校給食費、修学旅行費を除いた15億円が課題となった。1964年6月、学校運営費標準作成の第1段階として暫定標準を作成した[39]。この作成のために特別区ごとに小中学校各1校を抽出した。1962年度支出した公費、私費一切の経費を洗い出し調査カードに分類集計して、平均値を出す作業が行われた。この目安をつくるために、小中学校教職員、都教

育庁職員延べ1,000人が動員された。都立学校についても延べ500人の動員を得て1970年に運営費標準を設定し、財源措置が行われた[40]。学校予算に携わる学校事務職員の努力なくしては、学校運営費標準はつくれなかったのである。

　学校運営費標準は、東京都が区に配分する予算の積算基礎の役割を果たしていた。標準を設定しても、それを実施する財政措置を行わなければ、自己満足の研究物でしかない。

　1967年3月13日、都教育委員会は「義務教育学校運営費標準の設定と公費で負担すべき経費の私費負担解消について」（42教総庶発第149号）、「公費で負担すべき経費の私費負担解消について」（42教総庶発第149号）、「義務教育における私費負担の解消について」（42教総庶発第148号）を通知した。これらの通知は、学校運営費標準の作成によって、私費負担として決められた範囲以外では、すべて公費で負担すべきものとなるので、この分野については、一切私費に依存しないこと、と記されている。

　義務教育学校運営費標準では、どのような品目が私費負担の範囲として設定されたのだろうか。「個人負担の範囲例」として1　通常家庭にある品物、あるいは家庭になくても家庭教育上必要な品物で、学校における学習指導上必要な場合は個人の所有物として学校に持参し得るもの。2　家庭にない品物等で、家庭教育上特に必要というわけではないが、そのもの、またその利益が個人に還元されるもの。この2区分によって私費負担としている。図表4-8はその範囲例（1964（昭和39）年）である。義務教育学校運営費標準の個人負担の範囲例が示されている。ただしその後、この範囲については改正が行われている。次に述べる中野区の準公選制教育委員会と連動したフレーム予算の基盤でもある。

　これとは別に、都道府県教育長協議会第4部会による「学校教育にかかる公費負担の適正化について」（1974年7月）が出されている。その意図は、公費負担が強化され、保護者負担が軽減されてきたが、公私負担の考え方、その範囲に差異がみられるので、負担区分を明確化し、適正化を図るものであった。全国的な均一化が志向されたのであった[41]。

　学校運営費標準は、その効果は絶大であるが、学習指導要領が変更される

図表4-8　東京都義務教育学校運営費標準（個人負担の範囲例）

小学校	中学校
1　通常家庭にある品物、あるいは家庭になくても家庭教育上必要な品物で、学校における学習指導上必要な場合は個人の所有物として学校に持参し得るもの。	1　左に同じ
（1）国語　習字用具一式（硯、筆等）	（1）国語　国語辞典、習字用具一式
（2）社会　副読本	（2）社会　歴史地図、学区地域図、歴史年表
（3）算数　算数セット、そろばん	（3）理科　解剖用具
（4）音楽　ハーモニカ、たて笛、カスタネット、木琴	（4）音楽　ハーモニカ、たて笛、よこ笛、カスタネット
（5）図工　水彩用具一式、クレパス、クレヨン、彫刻用具一式、図工用具一式	（5）美術　彫刻用具、製図用具、水彩用具
（6）家庭　さいほう用具一式、ししゅう用具	（6）英語　英和辞典、和英辞典
（7）体育　運動用被服一式、くつ、はちまき	（7）技術家庭　被服用具、調理用具、木工用具、製図用具
（8）各教科共通　学習ノート、鉛筆、けしゴム、三角定木、ものさし、ナイフ、分度器、はさみ、コンパス、下敷、筆入れ	（8）保健体育　体育用被服、クツ、しない
	（9）各教科共通　学習ノート、鉛筆、消しゴム、下敷き、物指、三角定木、分度器、コンパス、筆入れ、インク、ペン、万年筆
2　家庭にない品物等で、家庭教育上特に必要というわけではないが、そのもの、またはその利益が個人に還元されるもの	2　左に同じ
（1）家庭科実技教材（料理材料、被服材料）	（1）技術、家庭科　実習教材（木工材料、被服材料、調理材料）
（2）図工科実技教材（工作材料）	
（3）クラブ活動費のうち還元分	（2）クラブ活動のうち還元分
（4）給食費	（3）給食費
（5）遠足、夏季施設、移動教室、音楽鑑賞教室	（4）修学旅行、遠足、夏季施設、音楽鑑賞教室
（6）卒業記念アルバム	（5）卒業アルバム

1964年6月

　都度に、必要物品とその価格を変更しなくてはならないという維持管理に膨大な時間と労力が必要なシステムである。文部省で、「教材基準」の改訂準備作業に携わっていた今村武俊は、東京都の学校運営費標準を絶賛した[42]。財源保障を含めて、これを実施できる自治体は限られており全国的には広がることはなかった。したがって、全国的に現在に至るまで、経験値に依存したどんぶり勘定が学校の予算と予算に裏付けられた学校運営の実態なのである。

　東京都にあっても、1991年に学習指導要領と40人学級の完全実施に伴い全

面改定を行った「平成4年度　義務教育学校運営標準　全面改定版」を最後
に、大幅な改訂は行っていない。

　地方分権では都と市区町村は平等な関係であり、都が学校運営費標準を設
定しても、その効果は薄れたのである。

◆ 1984年、中野区準公選制教育委員会に連動した　フレーム予算 ||||||||||||||||||||||||||||||||||||||||||||||||||||||||

　中野区は、1948年に制定された日本の教育委員会制度を参考として、準公
選制による民意の直接的な反映を求めた。教育委員準公選制による教育運営
を具体化するにあたって、その財政的な保障の制度を構築した。1980年には
調整加算として1％という巨大な調整費がつくられていた。各学校への令達
方法も連動して改善が行われ、1984年度からフレーム予算という新たな制度
を導入した。枠外予算と呼ばれる人件費や多額の経費を要する事業とは別に
枠内予算と呼ばれるフレーム予算をつくり、この範囲の予算は教育委員会原
案をそのまま区長の査定を経ずに予算案として提出する仕組みであった。教
育委員会法の予算原案の提出権に準じた扱いともいえる。歳出決定権を一部
分、あらかじめ教育委員会が保持する制度である。だが、それは、例えば米
国や沖縄の教育税を含めた財政制度の整備とは異なる。地教行法の範囲内で、
準公選制教育委員会の意向をどのように尊重するか、そして学校独自の運営
に沿った自主的な学校予算を実現するかという課題の設定であった。

　当時の新聞は、「使い道は学校側で　中野区がユニーク行政」と題して、
次のような紹介記事を書いている[43]。「学校行事や研修、見学、更に備品購
入といった学校運営にあてられる『校割り予算』は約6億円。今回、規模に
応じて各学校に、この予算枠を配分し、中味の使い道を自主編成させた」と
自主編成を強調する紹介内容である。

　学校事務職員の実践的な力量が発揮された。学校予算事務を執行する学校
事務職員は、1984年度予算から始めるために1983年9月中の20日程度の中で、
学校内で協議し学校から予算計画書を提出する慌ただしい時間の中に置かれ
ることとなった。区教育委員会が、都の策定した義務教育学校運営費標準に
独自の政策経費を上乗せしたフレームを提示し、それを学校ごとに組み直す

ことで区議会に提出する予算書づくりに必死に対応したのであった。

　地方自治法施行規則には、「第15条　歳入歳出予算の款項の区分並びに目及び歳入予算に係る節の区分は、別記のとおりとする。2　歳出予算に係る節の区分は、別記のとおり定めなければならない」とあり、款項目節の歳入課目の種類別分類を原則にしている。歳出課目については款項目は種類別、節は性質別に28節に分類して定めるとされている。このうち、財政民主主義によって、項以上の組み替えは議会の承認事項となる[44]。枠内での自主的な調整は次年度の学校計画に基づいたものである必要があるが、次年度学校計画は前年の9月段階ではまだつくり上げられてはいない。そこで、不用額を出さずに見通しをつけるためには困難が伴う。

　学校事務職員はいう。「その中で最初に私達が手をつけるものといったら、社会科見学のバス代だとか、役務費とか食糧費とか交際費とか、その辺のところの細かいものから、見通しがある程度たっている」[45]。こうして社会科見学のバス代を中心とした組み換えが行われた。先の新聞でも、「たとえば社会科見学のための『バス賃借料』として、従来なら約9万円が一方的に予算化されたはずの小学校で『バスではなく電車で行こう』との考えに立って、これを7万円に削り、その分を他の費用に回す、といった芸当も」例示されている。

　すでに、当時、フレーム予算そのものの導入は、予算削減への一定の効果的な（あるいは削減と引き換えの）制度として東京都内でいくつかの区で実施されていた。実施1年が経ち、フレーム予算でどのように変わったか。長期計画を立てて消耗品的な費目を削減して、備品購入費等の財産的な性格費目へ投入していくことを意識するようになったことが変化として挙げられている。他方、父母負担軽減については私費負担で行っていた遠足費用などへの充当がみられるが、区教委は補助教材への転用は運営費標準にもフレームにもない予算であるから控えるようにとの態度であるとされている[46]。中野区のフレーム予算は準公選制委員への裁量権の確保に政策的な意図があり、補助教材の公費負担による保護者の負担軽減は二次的であった。教育予算総額が増えない中では、学校ごとの裁量の自由度が増えても成果は限定的である。

　小川正人は、「フレーム予算は、これまで主に教育財政の分権・民主制、計画性の観点から評価されてきたが、実は効率性＝行政改革の意味合いをも強く付与されて導入されてきたものであったことも看過すべきではない」と述べる[47]。したがって、中野区にとっても単に教育委員会のみではなく他の部署にも適用可能な制度であった。「枠配分方式の導入はたしかに直接的には教育委員会準公選制度を契機とするものであったけれども、枠配分方式そのものは教育委員会のみを対象とする教育行政に特有の予算システムであるとみるべきではないだろう」[48]といえる。

　また、小川正人は、中野区のフレーム予算の問題点として次のようにも指摘している[49]。1つに前年度に予算計画書を作成することの困難性である。2つに目節間での流用の幅を拡大することで、不用額を削減できるが、それは中野区では限定されていること。

　3つにバス代を浮かせて他の項目に転用する方策は、学校予算全体の削減が進むにつれて効果が減少すること、などである。加えて、小川正人は、1985年度から東京都では人事任用制度が一本化して他部局との人事交流が激しく、実務にあたる学校事務職員が経験的な専門性をつくり出すことができないという人的要素も挙げている[50]。フレーム予算という画期的な制度があったとしても、それを実りあるものにするには財政力、日程、人的配置が必要である。

　中野区の準公選制が1995年1月に廃止されたのちも、フレーム予算が継続しているのは、その効率性によっている。また、フレーム予算は、他自治体にも拡がりがみられるばかりではなく、予算の組み方については後にみる横浜市の総額裁量予算（2005年）も、この趣旨に沿って発展したものである。

◆学校徴収金という学校病理 ||||||||||||||||||||||||||||||||||||||||||||

　学校運営に必要な公的な財源投入は、学習指導要領を具体化するのに必要な積算の上に立って行う発想は、なかなか定着しない。金がないのであれば、その限りでの事業を計画執行するのが世の掟である。「子どものため」という言葉は、公務員からも法治国家であることを忘れさせる。公的な財源がないのであれば、保護者からむしり取ればよいのだ、もう一つの財布がある、

この発想が、学校財政だけではなく学校運営を狂わせる。違法な財源で行う公的な事業がまともであるはずはない。財政民主主義に基づいてその事業を検証することができないからである。

◆ 1990年代、新自由主義の始まり ||||||||||||||||||||||||||||||

学校5日制は1992年から月1回、1995年から隔週で実施された。学校5日制導入とともに、授業時間数の削減など学校機能の縮小が進められた。

すでに述べたように、1995年に経済財政同友会がこれまでの学校を解体して、「基礎教室」のみを文部省、教育委員会が責任を負い、その上に任意の「自由教室」「体験教室」を重ねる構想を提案した。

1996年、中教審答申「21世紀を展望した我が国の教育の在り方について」において、「ゆとりの中で子供たちに『生きる力』をはぐくむ」ために学校、家庭、地域社会の適切な役割分担と連携の必要性が主張され、「学校のスリム化」が提案されている。

このような新自由主義的な規制緩和が容易に浸透した理由を、市川昭午は、「この新しい教育観が比較的抵抗なしに教育界に受け入れられたのは、教育界に根強く存在する個性主義、子ども中心主義には規制緩和や分権化など、新自由主義、新保守主義と通底するものがあったからである。そのため新しい学力観の背景にある新自由主義・新保守主義があり、個性の尊重や創造性の涵養が能力主義の徹底を意味することを見抜けなかった」と厳しく論難した[51]。「国家権力による教育への介入」を批判していた人ほど、形式的な「教育機会の平等」に囚われ、規制緩和策に対応することができなかったのである。しかし、新自由主義的な教育政策は、グローバル化時代の国家による教育のあり方として進められているのであり、以前のように一国規模での教育政策に戻ることはできない相談でもあった。

1）大田堯「地域社会の教育計画」『地域社会と教育』金子書房、1949年。『現代のエスプリ』No. 184再録、1982年
2）持田栄一『日本の教育計画』三一書房、1980年。海老原治善『地域教育計画論』勁草書房、1981年
3）持田栄一「学校事務とは何か」『岐路に立つ学校事務』学事出版、1974年

4 ） 高畠正晶「住民の力で地域教育改革を」『自治研』1998年 9 月号
5 ） 自治労自治研地域教育政策作業委員会「教育を地域に取り戻すための15の提言」を1998年に作成している。その10年後にも、全日本自治団体労働組合「自治労の地域教育改革16の提言」2009年
6 ） 教育政策研究センター「学校協議会へと発展させよう」『自治研』1999年 9 月号
7 ） 和田基興「教育委員会の現状と問題点」『自治研』1998年 9 月号
8 ） 小川正人「地方教育行政改革と教育委員会の新しい役割」『都市問題』1999年 5 月号
9 ） 鈴木大裕『崩壊するアメリカの公教育』岩波書店、2016年
10） 黒崎勲「市民参加による教育システム」、坪井由美「アメリカ大都市における教育改革と地域」『都市問題』1999年 5 月号
11） 中村文夫『学校財政』学事出版、2013年
12） 鐘ヶ江晴彦「学校評議会と教育区評議会（イタリア）」『現代のエスプリ』No. 184、1892年
13） 海老原治善「教育としての学校事務労働論の発展のために」『学校事務』1982年 6 月号
14） 岡村達雄『現代公教育論』社会評論社、1982年
15） 文部省『昭和45年度　わが国の教育水準』
16） 文科省 HP「人材確保法について」http://www.mext.go.jp/b_menu/shingi/chukyo/chukyo0/toushin/07062816/006/005.htm
17） 参議院文教学委員会議事録　2004年 4 月18日、西岡武夫発言「私が人確法を発案をいたしまして立法化する過程で、私の本来やりたかったことは、当時非常に困難でしたけれども、学校の先生の給与については人事院勧告の対象から外して独立の給与体系にしたかったわけです。ところが、それこそ、その当時の日教組の皆さん方を中心として、特に参議院での議論は非常に活発でございまして、学校の先生の給与を引き上げるというこの法律を当時の日教組の皆さん方は、当時ですよ、毒まんじゅうと言われたんですよ。その後、毒まんじゅうが別の形ではやった言葉になりましたけれども、当時作られた言葉であります。それぐらいの中で、何でこんなにたたかれなきゃいけないのかなと思いながら私は一生懸命やりました。ところが、全部の役所は反対なんです、これには、学校の先生の給与だけを特別視するわけですから。ですから、ほかの特別の給与体系を作りたいというところまでは、微力にしてそこまで至らなかったんです。
　　そうしますと、あの法律そのもの、人確法という法律そのものは人事院というものの存在を正に無視する法律なんですね。したがって、人事院はその後、人事院勧告のたびにずっと溝を埋めてきて、人確法は事実上ほとんどその法律の立法したときの趣旨からは現在は既にほど遠いところにあるんです、既に。一時、私の記憶では、人確法が、 4 年掛かったんでございますけれども、実現するまでに。人確法に基づいて給与の引上げを行いまして、 4 年目に大体、学校、小学校の校長先生の給与は、県の部長クラスの給与よりちょっと上ぐらいまで行ったんです。ところが、その後、人事院勧告のたびにどんどんどんどん相対的にその溝が埋められてしまって、人材確保法というのは余りその存在の意味をなさなくなっているんです。」
18） 浜野謙吉「荒廃している教師たちへ」『日本の教育1981』現代書館、1981年
19） 佐々木利勝「『学校職員』でいいではないか」『学校事務』1982年 6 月号
20） 竹下三枝子「女のひとりごと／『事務の先生』と呼ばれて」『学校事務』1977年 2 月号
21） 河西宏祐「学校職場における階層構造と反差別意識」『学校事務』1979年 6 月号
22） 新島一方「全事研だより」『学校事務』1976年 2 月号
23） 市村直人「どのような幻想で生きるかということ」『学校事務』1982年 6 月号
24） 中村文夫「首の皮一枚からの新たな模索」『学校事務』1992年 7 月号
25） 現代学校事務研究所法令研究会編『ドキュメント　学校事務職員の給与等の国庫負担問題の10年』学事出版、1993年
26） 市川昭午「明るい未来があるとすれば」『学校事務』1986年 1 月号
27） 座談会「学校で見えたこと　見えなかったこと」『学校事務』1990年 8 月号

28）清原正義『学校事務職員制度の研究』学事出版、1997年

29）中村文夫「学校事務の共同実施・事務センターの中二階論（上）、（下）」『学校事務』2007年10、11月号

30）中村文夫「流れが変わり、ものいう勇気が私たちに…」『学校事務』1977年8月号

31）石井和夫「Ⅴ　学校事務へのコンピュータ合理化攻撃」『教育コンピュータ工場』現代書館、1981年

32）小川正人「教育事務所廃止の動向と地方教育行政の課題（1）」『教育行政研究』2号、2012年

33）中村文夫「長岡技術科学大学にみる学校事務職員の将来」『学校事務』1982年12月号

34）中村文夫『学校財政』学事出版、2013年

35）1960年法律第69号「地方財政法及び地方財政再建促進特別法の一部を改正する法律」第27条の3は現在の第27条の4である。

36）第39回国会地方行政委員会第16号（1961年11月1日）では阪上安太郎委員の質問に首藤堯自治事務官（財政局調査課長）は1957年では税外負担が歳入されたもの約245億円、歳入外処理約196億円。1960年には同約225億円と約129億円としている。さらに、税外負担解消のために1960年には90億円が財政計画で計上されたが、その内訳について松島五郎財政局財政課長は教育費分が44億円であること、1961年度は税外負担とは銘打っていないが、「小学校でございますならば、通信費でございますとか、学校備品でありますとか、燃料費でありますとかあるいは印刷費でありますとかいうように、学校関係の諸経費の増額を講じているわけでございます」と答えている。

37）文部次官通達、文初財第471号「教育費に対する住民の税外負担の解消について」1960年12月3日

38）中村文夫『学校財政』学事出版、2013年

39）杉本譲治「義務教育費の私費負担解消対策—東京都の実例」『地方財政』No.161、1976年10月号

40）山本実「第4章　教育行政の財務管理論・事務論」『公教育の行政』教育開発研究所、1988年

41）中村文夫『学校財政』学事出版、2013年

42）今村武俊「学校運営費の基準をつくろう（3）」『教育委員会月報』1965年3月号

43）朝日新聞「小学校の運営費　使い道は学校側で　中野区がユニーク行政」1984年2月3日

44）予算を区分するときに使う名称は、「款」は最も大きな区分、次に「項」「目」「節」。款と項の2つの上位区分は議会で議決されるもので、各款及び各項の間では原則流用はできない。歳出においては、款・項・目は目的別（土木費・民生費など）に分類され、節は性質別（委託料・扶助費など）に区分される。

45）編集部「学校予算のフレーム【枠】配分による自主配分方法の導入をめぐって」『学校事務』1984年4月号

46）小野沢一郎「中野区のフレーム予算、その後」『学校事務』1985年5月号

47）小川正人「地方自治体の教育予算編成に関する一考察」『教育行政学研究』第7号、1992年

48）小川正人「地方自治体の教育予算編成に関する一考察」『教育行政学研究』第7号、1992年

49）清原正義編著『21世紀学校事務事典2』学事出版、2003年

50）小川正人「第7章　地域における教育行政改革の動き」『分権型社会を創る10　分権改革と教育行政』ぎょうせい、2000年

51）市川昭午『教育の私事化と公教育の解体』教育開発研究所、2006年

学校事務職員の変質 第5章
新自由主義的展開

年	教育	学校事務	国・地方自治
2000 (H12)	4 (月). 学校評議員制度、学校教育法改正 (副校長、主幹教諭、指導教諭。職員会議 校長の補助機関)。12. 教育改革国民会議「教育を変える17の提案」	公立小中学校の設置管理は自治事務	4. 分権一括法施行。機関委任事務を廃止、自治事務と法定受託事務を創設。
2001 (H13)	1. 文部科学省	教材機能別分類表	12. 総合規制改革会議「コミュニティ・スクール推進提言」
2002 (H14)	4. 学校完全週5日制。ゆとり教育、総合的な学習の時間。	3. 小中学校設置基準制定。6. 地方分権改革推進会議中間報告で義務教育費国庫負担金の一般財源化提言、第2期国庫負担問題 (全教職員対象)	6. 経済財政諮問会議 (義務教育費国庫負担金削減)
2003 (H15)	3. 中教審答申「新しい時代にふさわしい教育基本法と教育振興基本計画の在り方について」。5. 株式会社立学校の設置 (構造改革特別区法)。12. 中教審答申「今後の学校の運営の在り方について」		3. 地方自治法一部改正の施行により指定管理者制度導入。6. 改正労働者派遣法成立。12. 閣議決定「行政改革の重要方針」において人確法の開始を含めた検討課題とする。
2004 (H16)	4. 学校運営協議会 (地教行法改正)。足立区立五反野小学校「学校理事会」	4. 義務教育費国庫負担制度の総額裁量制導入。4. 札幌市立資生館小学校	4. 品川区、小学校の学校選択制。12. 内閣府「少子化白書」。12. 教育改革国民会議が17の提言で新しいタイプの学校
2005 (H17)	2. 公設民営学校、幼稚園設置 (構造改革特区)。4. 栄養教諭	4. 横浜市、学校予算の総額裁量制。11. 義務教育費国庫負担1/3政府与党で合意	4. 食育基本法

2006 (H18)	10. 教育再生会議。 12. 教育基本法改正	4. 義務教育費国庫負担 1/2から1/3へ、 8,500億円削減	6. 行革推進法。地方自治法改正、出納長・収入役制度廃止、財務会計制度見直し（クレジット納付）、吏員の廃止
2007 (H19)	学校教育法改正（副校長、主幹教諭、指導教諭）	10. 厚労省「生活保護制度における代理納付等の適切な活用等について」	4. 地方分権改革推進法施行
2008 (H20)	2. 教育再生懇談会。 7. 第1期教育振興基本計画閣議決定		9. リーマンショック
2009 (H21)	4. 学校支援地域本部事業実施		3. 杉並区立和田中、地域本部。8. 自治労「地域教育改革16の提言」。9. 民主党を中心とする連合政権
2010 (H22)		4. 高校授業料無償化	1. 都教委通知「学校事務職員の標準的職務について」
2011 (H23)		教材整備指針	3. 東日本大震災。11. 大津市いじめ自殺事件
2012 (H24)			子どもの貧困率16.3%（厚労省）
2013 (H25)	1. 教育再生実行会議。6. 第2期教育振興基本計画閣議決定。12. 中教審答申「今後の地方教育行政の在り方について」	6. 子ども貧困対策の推進に関する法律。11. 改正高校授業料無償化上限910万円	12. 国家戦略特別区域法
2014 (H26)		8. 子供の貧困対策に関する大綱閣議決定	4. 消費税8%。5. 財政審「財政健全化に向けた基本的な考え方」。11. まち・ひと・しごと創生法公布。まち・ひと・しごと創生総合戦略を閣議決定

2015 (H27)	1. 文科省「公立小中学校の適正規模・適正配置等に関する手引」。4. 地教委制度見直し・総合教育会議。12. 中教審三答申	12. 中教審答申「チームとしての学校のあり方と今後の改善の方策について」	6. 子どもの貧困率13.9％（厚労省）。12. 中教審答申「新しい時代の教育と地方創生の実現に向けた学校と地域の連携・協働の在り方と今後の推進方策について」
2017 (H29)	4. 地教行法改正で学校運営協議会の設置努力義務。共同学校事務室	4. 事務をつかさどる。8. 中教審初等中等教育分科会で学校における働き方改革に係る緊急提言	
2018 (H30)	6. 第 3 期教育振興基本計画策定。10. 文科省筆頭局「総合教育政策局」を設置	4. 義務教育費国庫負担を政令市へ移譲。「教育の ICT 化に向けた環境整備 5 か年計画」単年度1,805億円措置。財政措置されていない自治体377。	6. 文科省「Society5.0に向けた人材育成」。6. 経産省「『未来の教室』と EdTech 研究会」第 1 次提言。11.「新しい時代の学びを支える先端技術のフル活用に向けて～柴山・学びの革新プラン～」
2019 (H31)(R1)	1. 中教審答申「新しい時代の教育に向けた持続可能な学校指導・運営体制の構築のための学校における働き方改革に関する総合的な方策について」。3. 学校における働き方改革に関する取組の徹底について（通知）。4. デジタル教科書使用可。12. 給特法改正（変形労働制導入）	3. 県教育長協議会「教職員の働き方改革の推進について」。4. 大阪市立水都中、高等学校開設（公設民営学校）。5. 大学等就学支援法、改正子ども・子育て支援法成立。6. 改正子どもの貧困対策法成立。7. 学校給食費等の徴収に関する公会計化等の推進について（通知）。12. 文教関係5,367億円（小5.6、中 1 に 1 人 1 台 PC、校内 LAN 整備に2,318億円）の GIGA スクール構想実施	4. 会計年度職員。5. 財政審に財務省が統廃合で小規模校解消を提言。教育再生実行会議第11次提言。6.「学校教育の情報化の推進に関する法律」成立。文科省「新時代の学びを支える先端技術活用推進方策」最終まとめ。経産省「未来の教室ビジョン」。10. 幼児教育・保育の無償化実施。12. 大学等修学支援法。新型コロナウイルス、武漢で感染拡大、封鎖。

参考：文部省『学制百年史　資料』他

21世紀の地方教育行政の課題

◆ 2000年以降の課題と見通し ||||||||||||||||||||||||||||||||||

　2018年の義務教育諸学校事務職員は、学校基本調査によれば、35,056人である。そのうち義務教育費国庫負担法該当事務職員31,647人、その他事務職員3,409人である。この学校事務職員を取り巻く環境は2000年以降、激変してきた。

　第1に、子どもの環境変化である。少子化が全体の動向を決定している。学校事務職員の推移は、学校数や教職員数と同様に、基本的に児童生徒数の減少によって減少傾向にある。図表5－1で見てとることができる。

　後期近代の特徴のひとつである新自由主義政策を極端に進める日本は、少子化を規定要因としつつ、一つは地域間格差を拡大している。地域から学校が小規模化の果てに消滅させられて、教育機会の平等が失われている。それは学校職員の働く場も激減していることでもある。もう一つは、同一地域内でも保護者の所得格差により「子どもの貧困」が顕在化したことである。

　第2に、学校の変質である。教育行政において自律的な政策判断が不可能になった点である。文部省は文部科学省となり、また2018年10月、筆頭局を生涯学習局から総合教育政策局（新設）へ変えた。国民教育から個別最適化学習などグローバル人材育成への転換に対応したものである。それらの背景には、中教審の存在が軽くなり、臨教審以来、政策が内閣主導（内閣内では経済産業省）となっていることがある。産業政策への従属がかつてないほどに、露骨に進んでいる。2020年実施の学習指導要領は、小学校での英語教育の教科化、プログラミング教育の導入（総合の時間の変質）などにみられる新規内容の拡大だけではなく、授業時間数の増加が顕著である。授業時間の確保のためには夏休み、土日曜日の授業や1回15分の細切れの授業（モジュール授業）を組み込むなどの工夫が進んでいる。子どもも教職員も疲弊している。

　中間的な教育行政組織である教育委員会、特に都道府県レベルでの存在意

義は減少している。市町村段階の教育委員会も、任命制以来、存在の正統性を失ったのちは、文部省・文部科学省の直轄的な組織としての役割を担って残存してきた。それさえも意義が薄れてきた。学校運営の役割重視が目立つのである。小規模自治体が増える中で、小規模教育委員会が機能せず、また学校も小規模化し、あるいは統合して子どもの居住地から離れることも起きている。地方での教育行政の機能不全への対処は、中間的教育行政を縮小・廃止し、学校の運営と組織的にも一体化する方策しかない。2014年に市川昭午は、都道府県と市町村の重複管理が解消され、市町村単位に一本化されれば、学校管理と学校運営の連携・協働が進み、学校事務が学校管理運営事務としての余地が大きくなる、と語っていた[1]。

　学校も子どもを対象とする単機能の公共サービス施設ではなく、総合的な公共空間として複合化することで、その包括的な運営を介して規模の小さな地域であっても、地域とともにある学校を維持発展させる発想に転換することが大切である。礒田勝は、まちづくりの観点から、学校が市民の財産として、多機能で複合的な施設に生まれ変わり、その管理も教育委員会管理から総合行政として首長部局管理へと移行することも考えるべき、との提言を2000年に行っている[2]。

　学校では、10年ごとに学習指導要領によって教育内容が猫の目のように変わりつつ、いつの間にか教育機会の平等に基づく全体的底上げから、個人の資質・能力のみに注目した学習支援を重視するものとなってきた。その10年間隔でさえ、時代遅れとされて常時更新が目論まれている。その教育を実施するために、校長を中心とするピラミッド型官僚組織をモデルとする中大規模校用の運営に替えられていった。しかし、現実は小規模校が増加している。そこでは、少人数の学校職員しかいないためピラミッドを構成するほどの人数はそろわない。上位下達でしか動かないピラミッドモデルは画餅であり、従来のなべぶた型がより効率的である。中間的な組織や中間管理職は極力削減するのが理にかなっている。さらにみれば、極小規模小中学校が点在する地域では、学校事務の共同実施だけではなく、教職員全員が参加する「共同職員室」を実施する発想もあって不思議ではない。

　日渡円は、宮崎県五ヶ瀬町の実践を、「1校1校の規模が小さいことから

図表 5 - 1　公立小・中・特別支援学校における事務職員数の推移

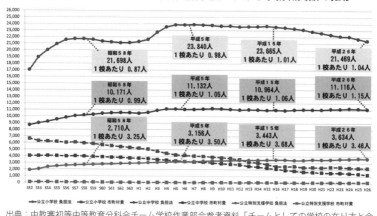

昭和 5 8 年
21,698人
1 校あたり 0.87人

平成 5 年
23,840人
1 校あたり 0.98人

平成 1 5 年
23,665人
1 校あたり 1.01人

平成 2 6 年
21,469人
1 校あたり 1.04人

昭和 5 8 年
10,171人
1 校あたり 0.99人

平成 5 年
11,132人
1 校あたり 1.05人

平成 1 5 年
10,964人
1 校あたり 1.06人

平成 2 6 年
11,116人
1 校あたり 1.15人

昭和 5 8 年
2,710人
1 校あたり 3.25人

平成 5 年
3,156人
1 校あたり 3.50人

平成 1 5 年
3,443人
1 校あたり 3.68人

平成 2 6 年
3,634人
1 校あたり 3.46人

◆公立小学校 負担法　◆公立小学校 市町村費　◆公立中学校 負担法　◆公立中学校 市町村費　◆公立特別支援学校 負担法　◆公立特別支援学校 市町村費

出典：中教審初等中等教育分科会チーム学校作業部会 参考資料「チームとしての学校の在り方と今
　　　後の改善方策について（中間まとめ）」2015年 7 月 3 日

当然 1 校の教職員の数は少なくなる。この小規模校の弱点を補って多様な人
材を活用するためにも町内の全ての学校で緩やかな一つの義務教育学校を構
成すると見なすものである」と、すぐれた視点を提示していた[3]。教育委員
会と学校機能の運営の一体化、あるいは共同職員室という発想に近い。だが、
このような視点は、学校統廃合による効率化しか考えない政府、自治体の政
策のために広がらなかった。

　学校事務職員は、一方で中間的な教育行政の役割縮小を代替するために中
二階のような組織である学校事務の共同実施を担い、他方で学校運営では子
どもの環境変化に対応することが新たな職務の柱となってきていた。後者は、
2020年度からの、膨らますだけ膨らんだグローバル人材育成のための学習指
導要領の内容を実現するためにアップアップの教員の、その補助的な活動に
徹することが政策的に求められているものである。現在、2015年の「チーム
学校」答申とその内実化である「学校・教師の働き方／働かせ方改革」の中
で、学校事務職員に求められているのは、子どもの学びについての職務では
なく、「教師」身分である教員の多忙化解消のための補助的な職員としての
役割でしかない。しかし、学校運営は素人の教員出身者が中心的に行う中で、
機能不全に陥っている。チームでは、本来はそれぞれの職種の職業倫理を相

互に尊重し、調整し合いながらフラットな学校運営が進められるべきものである。

　学校運営と市町村の教育委員会事務局との役割は、歴史的な経過をみても、本質的に同一のものである。したがって、地域の教育行政組織（教育委員会、少なくとも現況の教育委員会には存在意義は少ない）機能と学校運営機能の一体化の一翼を担うことが、学校事務職員の方向性であろう。そして、学校運営から教員を解放し、授業活動に専念する体制を構築するべきである。以上の課題を、順次検討する。

◆21世紀初頭—日本のコミュニティ・スクール— ‖‖‖‖‖‖‖‖‖

　地域と学校との関わりについては、2つの政策構想として展開されてきた。学校運営の意志決定に関与する機能は、学校運営協議会（コミュニティ・スクール）。学校へ金銭的、労務提供的に寄与する機能は、戦時体制以降は、父兄会・母姉会（PTA）が担ってきた。前者からみていこう。

　学校運営協議会制度は、官製の組織として近年、整備されてきている。この制度は、すでにみた住民自治を掲げた1930年代のアメリカ、そして1940年代後半以降の日本のコミュニティ・スクールとは理念からして別物である。

　1998年、中教審答申「今後の地方教育行政の在り方について」を受けて、2000年に学校教育法施行規則が改正され、今からみればほとんど意味のない学校評議員制度が、瀬踏みとして導入された。

　2000年12月に、教育改革国民会議報告「教育を変える17の提言」の一つ、「新しいタイプの学校（"コミュニティ・スクール"等）の設置を促進する」には、その目的は多様な教育機会を提供し、「新しい試みを促進し、企業家精神を持った人を学校教育に引き込むことにより、日本の教育界を活性化する必要がある」と、学校の市場化がねらいであることを鮮明に描いていた。多様な教育機会の提供とは、教育の市場化のことなのである。1980年代以降、イギリス、アメリカ等において新自由主義政策の一環として教育改革が進められてきた。眼前にあるのは、その日本的な展開である。

　佐藤晴雄は、「当時はイギリスの学校理事会やアメリカのチャータースクールをイメージしていたようで、日本に導入されたものはその折衷型とい

う形になります」と語っている⁴⁾。2004年に地教行法を改正し、学校運営協議会制度（文科省が基準を定めたコミュニティ・スクール）が始まる。

　元井一郎は、これらの動きを、「地域社会における公教育の縮小化政策」と断じている⁵⁾。市町村合併による人口減少と学校統廃合の加速化の関連については、山城直美が山口県山口市、下関市の事例で具体的な検証を行っている⁶⁾。人口減少地域での学校統廃合の加速は、公教育の縮小化政策の現れである。学校運営協議会はその誘導装置としての役割も大きい。

　学校運営協議会制度の特徴の一つは、PTA と相違して公選制の役員による自主的な組織ではなく、教育委員会に任命された委員によって構成されている点である。日本で変質した教育委員会同様に、民意を反映するための正統性はここには存在しない。初期の段階では、高知県の土佐の教育改革や、埼玉県鶴ヶ島市での委員に子ども代表を含める取組など独自性もみられたが、文科省の基準の浸透により、画一的な現在の形となっている。

　2014年、「ひと・もの・しごと創生法」が制定され、「ひと・もの・しごと創生総合戦略」が閣議決定されている。地方は一律に活性化すべきではなく、放置される地域と政策的な配慮がされる地域とが国家によって選別される。2015年、中教審答申「新しい時代の教育と地方創生の実現に向けた学校と地域の連携・協働の在り方と今後の推進方策について」はこの教育版である。これを踏まえ、学校運営協議会の設置の努力義務化等を内容とする地教行法の改正が行われ、ネックとなっていた教職員の任用に関する意見の項目は、教育委員会の判断による委員会規則で定められるように弾力化した。2017年4月から学校運営協議会の拡大がさらに進んだ。2017年4月現在、794校増の3,600校（2016年度と比べて増加数は倍）、学校設置者としては、367市区町村及び11道県の教育委員会が導入するに至っている。さらに広がる勢いである。しかし、合同学校運営協議会が可能との改正が行われ、ますます教育委員会機能と類似してきており、その分、年1、2回の集まりだけという形骸化、空洞化もみられるようになってきている。

　平成の大合併に影響された学校の統廃合が、地方教育行政の一大課題となっている。2015年1月、文科省は「公立小学校・中学校の適正規模・適正配置等に関する手引の策定について」を通知した。これまでの方針を転換し

図表 5 - 2　公立学校の廃校数、割合数上位県データ（1998〜2017年度比較）

校種	小学校				中学校				高等学校（全・定・併）			
都道府県	2017	廃校率	1998	都道府県	2017	廃校率	1998	都道府県	2017	廃校率	1998	
青　森	288	-39.37%	475	山　形	97	-27.07%	133	大　分	38	-33.33%	57
秋　田	200	-38.27%	324	岩　手	160	-25.23%	214	岡　山	51	-26.09%	69
北海道	1,048	-32.60%	1,555	北海道	585	-22.52%	755	徳　島	29	-23.68%	38
岩　手	323	-31.28%	470	石　川	82	-21.15%	104	奈　良	33	-23.26%	43
島　根	201	-30.21%	288	山　梨	81	-19.00%	100	山　口	51	-22.73%	66
徳　島	193	-29.82%	275	青　森	156	-18.75%	192	新　潟	81	-20.59%	102
熊　本	353	-29.12%	498	熊　本	163	-18.50%	200	青　森	55	-19.12%	68
高　知	229	-28.88%	322	山　口	155	-18.42%	190	岩　手	64	-18.99%	79
大　分	265	-28.57%	371	愛　媛	128	-17.95%	156	石　川	43	-18.87%	53
山　形	249	-27.83%	345	鹿児島	226	-17.52%	274	北海道	201	-17.96%	245
新　潟	469	-27.06%	643	大　分	131	-17.09%	158	山　形	42	-17.65%	51
広　島	476	-26.66%	649	秋　田	114	-16.79%	137	鹿児島	61	-17.57%	74
愛　媛	286	-25.71%	385	和歌山	121	-16.55%	145	山　梨	29	-17.14%	35
鳥　取	125	-25.60%	168	島　根	96	-15.04%	113	福　岡	94	-15.32%	111
奈　良	201	-23.57%	263	香　川	69	-14.81%	81	熊　本	50	-15.25%	59

学校基本調査を基に作成（武波謙三氏）

学校の統廃合に拍車をかける通知である。1 学年 1 学級未満の複式学級が存在する小規模学校は、離島等の事情で不可能な場合を除き統合すべきであるとするものである。廃校数は、2016年408校、2017年358校、2018年度266校（小学校200、中学校60、高校 6 ）である。2005年以来の累積廃校数は7,851校にも及ぶ[7]。図表 5 - 2 に見られるように、日本列島の両端から公立学校の消滅が拡大しつつある。さらに、2019年 5 月でも、財務省・財政制度審議会は、デメリットのある小規模学校が 5 割前後も存在していると指摘している[8]。次は市町村を超えた「圏域」構想での広域行政サービスの一つとしての広域統合された公立学校を政策展開する可能性もある。

　学校運営協議会の効用として、公教育の地域からの撤退である学校の統廃合の地ならし、あるいは統合後の新たな学区での疑似共同体的な協力関係の創出が挙げられる。先行的に実施した山口県の事例でも、その効果が理解できる。その中で学校運営協議会の運営に学校事務職員が関わり地域の魅力を

引き出そうとする試みもある[9]。

　さらに、地域や保護者からの教育への個別的な意見をフィルターにかける役割を果たしているケースも見受けられる。学校運営協議会は公選制を基本として地域内の階級・階層による利害・意見の違いを調整する役割があるが、任命制である場合には、任命した者の利害に合わせて、地域や保護者の個別利害や意見を取捨選択する官治的な役割を果たすことになる。それでは「地域に開かれた」とは、形だけのことになってしまう。

◆学校への金銭・労務提供の組織化 ||||||||||||||||||||||||||||||||

　学校へ金銭的、労務提供的に寄与する機能は、2003年4月に杉並区立和田中学校に、リクルート出身の藤原和博が校長として着任したときから、2008年3月に去るまでの期間で、最初の転換が始まる。学校に学習塾を呼び込む「夜スペ」を実施するために任意団体「地域本部」を立ちあげた。任期の最後にはPTAを解散させるのである。文科省は、この方式を全国化するために、2008年度予算に「学校支援地域本部予算」80億4,000万円を突如計上した。

　2015年12月、中教審「教員の資質能力向上」答申、「チームとしての学校」答申とともに出された「新しい時代の教育や地方創生の実現に向けた学校と地域の連携・協働の在り方について」（「学校と地域の連携・協働」答申）には、PTAの役割への言及はほとんどされていない。文科省は2016年1月25日、一億総活躍計画に連動した「『次世代の学校・地域』創生プラン」（通称「馳プラン」）による2020年に向けた取組を始めた。改めて「地域学校協働本部」としてリニューアルした。社会教育法を改正し、地域学校協働活動を明記し、地域学校協働活動推進委員を設置する。

◆日本の地方自治制度での公教育の進め方の配慮 ||||||||||||||||

　他方では、滋賀県大津市のいじめ事件を契機として、教育委員会の廃止議論がにわかに起こり、2015年に教育委員会制度の抜本的な見直しが行われた。教育委員会機能を強化する方向ではなく、教育委員の一層の諮問委員化、教育委員会事務局主導の強化（教育委員長と教育長の一本化）、そして選挙で

選ばれた首長による教育行政の主導が明示された（首長主宰の総合教育会議の設置）。首長主導での競争的教育予算、学校の統廃合、民営化などの施策が各地で進められることとなった。特に、大阪府・市では、この傾向が顕著であり、市川昭午は『大阪維新の会「教育基本条例案」何が問題か？』を緊急出版するに至っている[10]。この見直しで、首長権限の強化とともに国の関与の拡大もあった。

　日本政府の内閣制度では、総理大臣は国会議員の互選であり、国民は直接に総理大臣を選んでいない。したがって、総理大臣の正統性は間接的にとどまる。また、大統領制をとっているアメリカにおいては、議会への議案も予算案の提出権もなく、行政権への制御が明確である。それに比べて、日本の自治体の首長は、直接選挙で選ばれる。その上、議会への条例案、予算案の提出を行う絶大な権限が付与されている。開発独裁型の団体自治が可能であり、独任制の効率性はあっても「一人でも多く票を得た者が総取りをする」危険な制度である。多様な意見を調整しながら、将来を模索する必要性の高い教育分野では、開発独裁型は、特に避けなければならない。

　学校と地域との関わりに、学校事務職員が積極的に関わるにあたって、新自由主義的発想ではなく、階層各層の民意を反映・調整し実行に移すための民主的な制度の確立と学校財政の収入支出の改善を重視することが必須である。

　2020年1月以降の「コロナ休校」措置に伴う教育行政の意思決定にあたって、総合教育会議、教育委員会、学校運営協議会がどのように独自機能を発揮したのかが明らかではない。危機にあたっての有効性の検証が必要である。

第2節　変容する学校職場

◆ 2002 年、第 2 次義務教育費国庫負担制度問題 ||||||||||||||

　2001年に成立した小泉内閣は聖域なき構造改革として小さな政府を目指し、2002年の閣議決定「骨太の方針2002」においては三位一体改革（国庫補助負担金、交付税、税源移譲を含む税源配分のあり方）を示した。その後、2006年度予算まで、国庫補助負担金の削減として、4.7兆円、そのうち3兆円は一般財源化、7,000億円は交付金、残りは削減を行った。その中で、義務教育費国庫負担制度の占める割合が大きく、全廃も含めて中心的課題となった。これを第2次義務教育費国庫負担問題としてとらえる。

　その特徴は学校事務職員、学校栄養職員へのねらい撃ちという職種分断ではなく、国と地方との財源の持ち方そのものが問われたことである。その結果、義務教育費国庫負担金では、特定三職種の人件費が従来の2分の1から3分の1へと削減された。この渦中で、学校栄養職員は、2005年4月に栄養教諭への道を切り開いた。

　教職員の定数配置は2006年の行政改革法以降、長期的な見通しをもつことができなくなっている。以下のように単年度の措置を繰り返すしかなくなっている。長期の教育計画を立てても、それを実行する教職員は長期の計画が立てられないのである。義務教育費国庫負担法職員の定数改善が行き詰る中で、まず標準定数法内での加配措置による増員という便法が使われて6万人まで膨らんだ。それが財務省によって禁止されると、負担法職員以外の予算付けによる非正規職員の配置を行うに至った。それはそのまま、ピラミッド型学校管理運営（チーム学校）の底辺部を占める不安的雇用層を大量に生み出した。図表5-3にその様子がうかがえる。

　すでに述べてきたように、学校事務職員は、教員との一体化から方向転換し、学校事務の共同実施に新たな展望を見いだそうとしてきた。地方の行政改革の一環として、教育委員会の縮小・廃止を進めるために、給与事務の一部を学校事務の共同実施に肩代わりさせることで始まった。学校事務職員は、

図表 5 - 3　学級編制の標準の変遷、改善計画の概要 2 （2006年以降）

年次 / 計画	なし												
年次	2006、2007年	2008年	2009年	2010年	2011年	2012年	2013年	2014年	2015年	2016年	2017年	2018年	2019年
学級規模					小 1、35人								
主な内容	特別支援教育及び食育の充実	主幹教諭（1,000人）、特別支援教育及び食育の充実（195人）	主幹教諭（448人）、特別支援教育の充実（382人）、教員の負担軽減等（170人）	理科教科の少人数指導の充実（2,052人）、特別支援教育の充実（1,778人）、外国人児童生徒への日本語指導の充実等（370人）	小 1 のみ学級編制の標準を 3 5人（4,000人）	加配定数62,605人		自然減3,800人、統合減313人、合理化減400人。定数改善703人（小学校英語教化対応94人、いじめ235人、学校運営の改善39人。このうち事務職員13人他）	定数措置900人（授業革新等200人、チーム学校の推進230人。内訳学校マネジメント機能強化事務職員50人。ICT専門人材として事務職員100人）	教育課題定数525人（チーム学校の推進による学校の組織的な教育力の充実100人中事務職員50人。）	加配定数の基礎定数化602人。加配定数の改善395人（チーム学校の充実・運営体制の基盤整備70人中事務職員50人）	定数改善1,595人（新学習指導要領の円滑な実施1,090人。うち学校総務・財務業務の軽減による学校運営強化の体制強化40人。複雑化・困難化対応505人）	定数改善1,456人（学校における働き方改革1,110人、このうち学校総務・財務業務軽減のための共同学校事務体制強化30人。複雑化・困難化346人。
事務職員	施行規則第 5 条第 3 項による特例加配（事務処理の拠点学校）。初年度145（宮崎 6 、兵庫13、5 年間で726人）			事務処理の拠点学校加配729人		共同実施加配872人	実行定数33,827人（共同実施887人）	実行定数33,266人（共同実施905人）	実行定数（共同実施990人）	実行定数1,002人		実行定数26,931人（共同実施946人）	実行定数26,643人（共同実施994人）	

2006年行政改革法

学校事務の共同実施・共同学校事務室に軸足を移すことで、教育委員会から学校運営までの教育事務の連結部に、職種としての発展をうかがっている。2017年段階で、週 1 回程度一つの学校に集まるなどして、複数の学校の事務業務を共同で行う学校事務の共同実施は、市区町村の数で1,137（66.2％）である[11]。掛け声が大きいわりには週 1 回でも広がり方が少ないのが現状で

ある。学校事務が担ってきた領域に限定されて、しかも学校勤務が前提であるため、教育事務の一部を担うだけになり、新たな発展に寄与するかは予測できない。

　他方では、チーム学校構想では、副校長・主幹教諭など中間管理職（ミドルリーダー）を拡充することで、教員中心の学校運営を強めた。外部人材の補助も強めた。その一環として、学校事務職員は教員の多忙化解消要員として重宝されようとしている。

　すでに、義務教育費国庫負担制度は、2017年から都道府県にのみ交付する制度を改め、大規模自治体である政令指定都市への交付制度を新たに導入した。このことによって人件費負担という高い代償を支払った政令指定都市は、それによって得た自由な教職員の人事政策に力を注ぐことになる[12]。この制度は20政令指定都市だけの制度で終わることはないと思われる。政令指定都市に続く大規模自治体である中核市（58市、検討中 9 市）にも、義務教育費国庫負担金の交付を求める意見が強い。

　もしそうなれば、政令指定都市費、県庁所在地など中核市費、それ以外の中小自治体のための都道府県費と三分割され、県費教職員制度は中小自治体の救済制度に変質する。

◆多様な任用の多様な学校職員が増加 ||||||||||||||||||||||||||||||

　多様な教育需要が調整されることなく、各個別に要求される現実にあって、担任に象徴される教員だけで対応することは困難とみられている。政府が根拠法をもって示している「学校に置かれる主たる職の職務等」だけで校長をはじめ21職もある。図表 5 - 4 を見てほしい。この中には近年配置された主幹教諭、指導教諭、学校司書、部活動指導員、スクールカウンセラー、スクールソーシャルワーカーも見られる。いずれも学校教育法、学校教育法施行規則を根拠としている（学校栄養職員は学校給食法）。

　国法上の根拠をもたない学校職員もたくさん配置されている。代表的な職は自治体独自の裁量で配置されている学校給食調理員である。また、国から誘導的な財政措置（ 3 分の 1 補助など）を伴う形で設置されている、例えば、外国人児童生徒支援員などもいる。近年新たな教育需要で配置されたこれら

図表5-4　学校に置かれる主な職の職務等（種別）

職名	職務規定	主な職務内容	設置	根拠法
校長	校長は、校務をつかさどり、所属職員を監督する。	①校務の管理　②職員の監督	必置	学校教育法第37条第4項等
副校長	副校長は、校長を助け、命を受けて校務をつかさどる。	①校長の補佐　②校長等の命を受けた校務の掌理	任意設置	学校教育法第37条第5項等
教頭	教頭は、校長（副校長を置く小学校にあっては、校長及び副校長）を助け、校務を整理し、及び必要に応じ児童の教育をつかさどる。	①校長等の補佐　②校務の整理　③必要に応じた児童の教育	原則必置	学校教育法第37条第7項等
主幹教諭	主幹教諭は、校長（副校長を置く小学校にあっては、校長及び副校長）及び教頭を助け、命を受けて校務の一部を整理し、並びに児童の教育をつかさどる。	①校長等の補佐　②校長等の命を受けた校務の一部の整理　③児童の教育	任意設置	学校教育法第37条第9項等
指導教諭	指導教諭は、児童の教育をつかさどり、並びに教諭その他の職員に対して、教育指導の改善及び充実のために必要な指導及び助言を行う。	①児童の教育　②ほかの教諭等への教育指導の改善及び充実のための指導助言	任意設置	学校教育法第37条第10項等
教諭	教諭は、児童の教育をつかさどる。	児童の教育	必置	学校教育法第37条第11項等
養護教諭	養護教諭は、児童の養護をつかさどる。	①保健管理　②保健教育　③健康相談活動	原則必置	学校教育法第37条第12項等
栄養教諭	栄養教諭は、児童の栄養の指導及び管理をつかさどる。	①食に関する指導　②学校給食の管理	任意設置	学校教育法第37条第13項等
助教諭	助教諭は、教諭の職務を助ける。	児童の教育	任意設置	学校教育法第37条第15項等
講師	講師は、教諭又は助教諭に準ずる職務に従事する。	児童の教育	任意設置	学校教育法第37条第16項等
養護助教諭	養護助教諭は、養護教諭の職務を助ける。	①保健管理　②保健教育　③健康相談活動	任意設置	学校教育法第37条第17項等
実習助手	実習助手は、実験又は実習について、教諭の職務を助ける。	実験や実習における教諭の補助	任意設置（高校、中等教育学校）	学校教育法第60条第4項等
事務職員	事務職員は、事務をつかさどる。	①庶務関係事務　②人事関係事務　③会計関係事務　④教務関係事務	原則必置	学校教育法第37条第14項等
学校栄養職員	学校給食法（昭和29年法律第160号）第7条に規定する職員のうち栄養の指導及び管理をつかさどる主幹教諭並びに栄養教諭以外の者をいう。	学校給食に関する①栄養管理　②衛生管理	任意設置	公立義務教育諸学校の学級編制及び教職員定数の標準に関する法律第2条
技術職員	技術職員は、技術に従事する。	農業、水産、工業等の職業教育を主とした学科における機械器具の調整や保護などの技術	任意設置（高校、中等教育学校）	学校教育法第60条第6項等
寄宿舎指導員	寄宿舎指導員は、寄宿舎における幼児、児童又は生徒の日常上の世話及び生活指導に従事する。	①食事、洗濯等の日常生活における世話　②日常生活の習慣及び社会生活技術を身につけるための生活指導	寄宿舎を設ける特別支援学校において必置	学校教育法第79条第2項
学校用務員	学校用務員は、学校の環境の整備その他の用務に従事する。	①校地及び校舎の管理や整備　②施設及び設備の小規模な修理	任意設置	学校教育法施行規則第65条

学校司書	学校司書は、専ら学校図書館の司書職務に従事する。	学校図書館の司書	任意設置	学校図書館法第 6 条第 1 項等
部活動指導員	部活動指導員は、スポーツ、文化、科学等に関する教育活動（教育課程として行われるものを除く。）に係る技術的な指導に従事する。	①実技指導　②安全・障害予防に関する知識・技能の指導　③学校外での活動の引率　④用具・施錠の点検・管理　⑤部活動の管理運営（会計管理等）　⑥保護者等への連絡　⑦年間・月間指導計画の作成	任意設置	学校教育法施行規則第78条の 2
スクールカウンセラー	スクールカウンセラーは、児童の心理に関する支援に従事する。	児童の心理に関する支援	任意設置	学校教育法施行規則第65条の 2 等
スクールソーシャルワーカー	スクールソーシャルワーカーは、児童の福祉に関する支援に従事する。	児童の福祉に関する支援	任意設置	学校教育法施行規則第65条の 3 等

※その他、校長等から命じられた校務等をそれぞれの職員は行う。司書教諭も設置されている（学校図書館法第 5 条）。事務長、事務主任に関しては学校教育法施行規則第46条に規定。地域学校協働活動推進員に関する規定は社会教育法第 9 条の 7 第 1 項。

出典）中教審初等中等教育分科会「学校・教職員の在り方及び教職調整額の見直し等に関する作業部会」第 5 回「その他配布資料 2」（2009年 1 月15日）を基に、2017年 4 月 1 日までに法施行・設置された職員を追加して、作成。太字は義務教育費国庫負担教員。

　の職は、非正規公務員か民間からの委託職員である。不安定雇用、低賃金である。これは教員にもいえる。義務制では、非常勤講師と臨時的任用教員を合わせた割合は教員の約17%にもなる。

　校長から副校長、主幹教諭、あるいは事務長までのミドルリーダー（中間管理職層）と非正規学校職員とに二極化しているのが、21世紀の学校職場の実態である。図表 5 - 5 「ピラミッド型学校管理・運営（チーム学校）組織図（2019年）」を見ていただきたい。

　戦後の学校現場は、長らく校長以外は横一列というなべぶた型の組織であった。その中には、教員は「先生」、他方で「用務員のおじさん」「調理のおばさん」と呼ぶ差別構造が内包されていたことを忘れてはならない。現在は、校長を中心とするピラミッド組織に変わり、中間層以上は正規採用で一定の裁量権を持つ「つかさどる」公務員が占め、底辺部は非正規公務員と委託職員の作業層とに再編成される途上にある[13]。このような学校職員の多職種化と階層化は世界的な現象である。日本でも、さらに多様化・階層化する勢いである。

図表5-5　ピラミッド型学校管理運営（チーム学校）組織図（2019年）

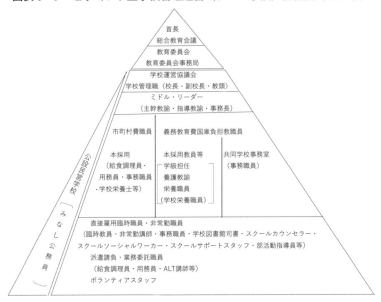

◆「学校・教師の働き方／働かせ方改革」のねらいは「教師」労働の質転換 ||||||||||||||||||||||||||||||||||||||||||||||||||||

　働き方改革は働かせ方改革でもあることから、働き方／働かせ方改革として両面からとらえる必要がある。中教審は2019年1月25日、「新しい時代の教育に向けた持続可能な学校指導・運営体制の構築のための学校における働き方改革に関する総合的な方策について」を答申した。教員ではなく「教師」との記述には、勤務時間ではなく官吏身分への俸給であった戦前の待遇観を引きずっているようで違和感をぬぐえないことから、文科省・中教審が使用する箇所以外は教員と記述する。身分への待遇という発想は、人確法導入の考え方と同根の発想である。そこから、時間管理を基本とする学校・教師の働き方改革の不徹底への危惧が生じる。同年3月18日には事務次官通知「学校における働き方改革に関する取組の徹底について」が出され、「学校・教師の働き方／働かせ方改革」が工程表に沿って具体化される。

　答申では、教員の仕事を軽減するために14業務を、基本的には学校外が担

うべき業務、学校の業務だが必ずしも教員が担う必要のない業務、教員の業務だが負担軽減が可能な業務、の３つに区分して方策を示している。改革は、「新しい時代の教育」のために必要な学校指導・運営体制の構築への改革であり、教員を楽にさせようとしているわけではない。

　とりあえず新しい時代の教育とは、2020年から始まる新学習指導要領に描かれた教育である。「新しい時代の学びを支える先端技術のフル活用に向けて〜柴山・学びの革新プラン〜」が文科省によって2018年11月26日に出されている。新しい時代、つまり Society 5.0時代では、先端技術をフル活用した主体的な（つまり自己責任の）学びが求められている。英語とネットワーク上のビッグデータを自在に操る偉才・異能を伸ばすため、個人の才能に特化した最適化学習が新しい教育の質とされる。これを効率的に行える教育機会の多様化体制づくりが改革のねらいなのである（「学校・教師の働き方／働かせ方改革」の部分の記述は、『都市問題』2019年６月号に書いた「多様な職種で成り立つ学校現場」の文章を、学校事務職員に特化し加筆・修正をしたものである）。

　全国津々浦々にある義務制の公立学校は、資質・能力、心身の相違する子どもが助け合って社会を生きるためのすべを学ぶ場である。ところが、公教育の目的はいつの間にか国民教育からグローバル人材養成へすり替えられようとしている。すべての子どもが理解できるように補習をすることや教育課程にない部活動、そして保護者への対応に長時間を費やすのは効率が悪いのである。教員は、「無駄に忙しがっている」というわけである。長時間労働の解消は、新しい時代の教育に向けた生産性が高く勤務時間内で完結する高密度の労働のあり方も意味するのである。しかも、2019年12月には、給特法を改正し、変形労働制を導入した。

　新しい時代の教育に向けた体制づくりに関して、これまでの経過をみておく。画期は、2015年12月に中教審が一体として出した三答申（「チームとしての学校」「教員の資質能力向上」「学校と地域の連携・協働」）である。グローバル人材の養成のための新しい学校づくりとして「チーム学校」というピラミッド組織が打ち出された[14]。このチーム学校組織の中身を具体化する方策が、「学校・教師の働き方／働かせ方」改革である。本採用教員を増員

せず、多様な任用形態の多様な職種を投入することを基本とする「学校・教師の働き方／働かせ方改革」のねらいは、新しい時代の教育を担えるフレキシブルな学校体制につくり変えることにある。

　答申別紙２にある14の方策について一覧表を作成した（図表５‐６）。そこには、本採用教員の業務のスリム化しかなく、教員以外の学校職員の過重労働軽減や非正規学校職員の待遇改善の視点は皆無である。「学校外」へ放出する業務は４項目であるが、その受け皿は地域のボランティアと学校以外の公的組織である。地域は人口減と高齢化の中にある。団塊世代の地域ボランティアが高齢化によっていなくなれば、民間企業への委託となる。が、受注できる企業も都市部に集中している。今後、学校外という方策は現実的な基盤を失ってくると考えられる。また、教育委員会事務局をはじめ自治体職員も本採用者の削減にあって人員に余裕があるわけではない。

　次に「学校内」で教員以外が受け皿となる４方策と、「教員の負担軽減」の６方策である。これらの方策は政府からの誘導的な補助金的地方交付税交付によって、部活動指導員やスクールカウンセラー、スクールソーシャルワーカーなどが急速に配置されてきている。2019年度予算措置では、「多彩な人材の参画による学校の教育力向上〜補習等のための指導員等派遣事業〜」として、前年度を７億円も上回る55億円が計上された。負担割合は国３分の１、都道府県・政令指定都市は３分の２が基本である（職種によって相違する）。内訳は、学力向上を目的とする学校教育活動支援7,700人、31億円。スクール・サポート・スタッフの配置3,600人、14億円。中学校における部活動指導員の配置9,000人、（前年度比２倍）10億円、である。

　「教員の働き方改革への支援員６割増」だが、人材・予算に悩みがある、と報じられている[15)]。自治体への財政圧迫要因でもあり、予算の確保に課題がある。都道府県担当者の声として、予算の確保について先行き不安を抱き、文科省の補助が続くかどうか注視している、と語られている[16)]。全国都道府県教育長協議会も質を伴った専門スタッフの確保対策、国からの財政支援を課題として挙げている[17)]。財務省は、財源的には「市町村が負担する学校の事務職員について、２万６千人に相当する額が国から地方交付税として措置されているが、実際には約７千人分の配置に止まっている」と指摘してい

る[18]。これまでも地方交付税措置をしているが、自治体の都合で配置していないのではないのか、改めて別枠で予算要求する前に行うことがあるのではないかというわけである。2020年 5 月15日、総務省行政評価局は「学校における専門スタッフ等の活用に関する調査」を発表し、文科省への勧告を行った。これまで文科省は、教員の労働軽減として、各種の専門スタッフを新設、増員してきた。それは自治体にとっては多大な負担増である。そこで総務省は、活用課題を調査し、行政評価を実施、異例ともいえる勧告を行った。その意図は規制をかけることとみられる。その中には学校事務職員の共同実施も取り上げられている。今後「チーム学校」という名のもとに教員の多忙化解消要員として雇用、増員された職種への厳選が始まる。このような矛盾を抱えて急拡大している不安定、低賃金雇用の非正規職員や民間委託職員は、新たな課題を学校現場にもたらしている。樋口修資は、支援スタッフへの調査研究を踏まえて、雇用・勤務環境の改善充実を指摘している[19]。

　本採用教員は、「教師」としてもち上げられることで高密度の労働に追い込まれ、悲鳴をあげる。また、他職種学校職員、そして非正規教員、非正規・民間委託学校職員の疎外感、あきらめ、心の痛みは放置されたままになっている。

　根本的な解決には、生活丸ごと教育・管理する日本的な教育の特徴である「特別活動」という領域を廃止・組み換えをする視点や、さらに学校運営について教員は基本的に関わらない体制づくりを構想することが必要である。他方で、多種多様な職種間の平等な関係や待遇改善は必須である。これがない場合には、職種間、職種内の格差は差別意識、憎悪感情を生み、相互に刃物のような鋭利な関係がつくられ、学校職場が崩壊していく。

◆「学校・教師の働き方／働かせ方改革」の中で、　学校事務職員が期待されたこと ‖‖‖‖‖‖‖‖‖‖‖‖‖‖‖‖‖‖‖‖‖‖‖‖‖‖

　チーム学校、そしてその内実としての「学校・教師の働き方／働かせ方改革」の中で、学校事務職員は多大に「期待」されている。だが、期待に応えられる余裕は学校事務職員にはない。文科省「公立学校教職員の人事行政状況調査」を経年で調べている武波謙三によれば、2017年度に教育職員では病

図表 5 - 6　学校・教師の働き方改革に関する14の方策と事務職員 6 項目の期待

課題項目	方策分類	方策	事務職員への期待（再掲）
登下校に関する対応	基本的には学校以外が担うべき業務	安全指導は学校の所管。登下校時の見守り活動は教師の業務外（学校保健安全法第27条及び第30条）。地方自治体や保護者、地域住民が行うべき業務。	
放課後から夜間などにおける見回り、児童生徒が補導されたときの対応		放課後から夜間の見回りは教育委員会が必要性等を精査し、警察、地域ボランティアに積極的に移行していくべきである。	
学校徴収金の徴収・管理		地方自治体の職員の業務。仮に学校が担う場合には事務職員等に業務移譲すべきである。学校給食費は公会計化すべき。	学校徴収金の徴収・管理を学校が行う場合にはその業務。
地域ボランティアとの連絡調整		地域学校協働活動推進員等が中心となって行うべき。推進委員等との調整窓口は主幹教諭や事務職員を地域連携担当と校務分掌への位置づけを進めるべき。	地域ボランティアとの連携調整では地域連絡担当。
調査・統計等への回答等	学校の業務だが、必ずしも教師が担う必要のない業務	調査・統計等への精選。教師の専門性に深く関わるもの以外は事務職員等が中心となって回答する。	調査・統計等での回答の中心。
児童生徒の休み時間における対応		休み時間への対応は教員免許を必要とする業務ではない。地域ボランティア等の協力を得ながら教師は輪番等によって負担を軽減する。	
校内清掃		清掃の見守りは教員免許を必要としない。地域ボランティア等の参画、民間委託等を検討し、教員は輪番等で対応。教師が行うのは学校環境の日常点検の範囲にとどめる。	
部活動		学校職員である部活動指導員や外部人材の積極的な参画。将来的には部活動を学校単位から地域単位に移行し学校以外が担うことを積極的に進めるべき。	
給食時の対応	教師の業務だが、負担軽減が可能な業務	学級担任と栄養教諭等との連携。地域ボランティア等の協力などの工夫。	
授業準備		教材等の印刷、物品準備のような補助的業務、授業中の補助はスクール・サポート・スタッフ、観察実験補助員が担う。	
学習評価や成績処理		学習評価、成績処理は教師の担当業務。提出物、宿題の提出状況の確認等の補助的業務はスクール・サポート・スタッフの積極的な参画とICT活用。	
学校行事等の準備・運営		学校行事等の指導等は教師が担う業務。学校行事に必要な物品準備、職場体験活動受け入れ企業等への日程調整、修学旅行等の運営は事務職員や民間委託等で外部人材が担う。	学校行事への準備や修学旅行の運営。
進路指導		教師は進路指導の専門性を有していない。事務職員や民間企業経験者、キャリアカウンセラーなどの外部人材が担当するほうが効果的。	事務職員も専門性はない。しかし、効果的とみなされている。
支援が必要な児童生徒・家庭への対応		支援が必要な児童生徒・家庭への対応には教員の専門性と異なるより専門性が必要。スクールソーシャルワーカー、スクールカンセラー、スクールロイヤー等の外部人材に任せるべきである。事務職員が 2 名いる場合、スクールソーシャルワーカーに準じた業務を担わせる。	支援が必要な児童生徒・家庭への対応では 2 名配置の場合はスクールソーシャルワーカーに準じた業務。

出典：「新しい時代の教育に向けた持続可能な学校指導・運営体制の構築のための学校における働き方改革に関する総合的な方策について（答申）」「別紙 2　これまで学校・教師が担ってきた代表的な業務の在り方に関する考え方について」を整理

気休職者割合は0.85％。病気休職者のうち精神疾患者は65.12％。対して学校事務職員は病気休職者0.98％、同精神疾患者75.05％である。比較すれば大変なのは学校事務職員とみることもできる。このような深刻な実態は不都

合な事実として無視される。エビデンスベースとは結論ありきのデータ収集・分析であるかのようである。

　期待に応えさせる対策として、「共同学校事務室」への集約と非正規のスクール・サポート・スタッフの配置による学校事務業務の再編成を進めている。

　具体的な期待の中身を、中教審答申14方策からみてみよう。教員の多忙化解消の受け皿として学校事務職員は14方策中 6 項目で期待されている。期待度の高さがうかがえる。 3 ．学校徴収金の徴収・管理を学校が行う場合にはその業務。 4 ．地域ボランティアとの連携調整では地域連絡担当。 5 ．調査・統計等での回答の中心。12. 学校行事への準備や修学旅行の運営。13. 進路指導。及び14. 支援が必要な児童生徒・家庭への対応では 2 名配置の場合はスクールソーシャルワーカーに準じた業務を担うことになっている。一覧にしたのが図表 5 - 6 である。

　市町村立学校の県費学校事務職員は基本 1 名配置である。大規模校や就学援助児童生徒の割合の高い学校などに例外的に 2 名配置がある。答申別紙 3 にある教員の在校等時間の圧縮の目安で、時間増を計算してみる。教員 1 人当たり、年間では、 3 は15時間、12も15時間。それ以外は明示されていない。項目 3 と12だけで30時間。 1 学校当たりの教員数を26人平均とすると、わずか 2 項目で30×26＝780時間となり、その増加分を 1 人の学校事務職員が担う。それでなくとも高い学校事務職員の病気休職者、精神疾患者の割合が悪化することが危惧される[20]。

　「教育行政・学校事務の働き方」改革に焦点を置いた議論は、低調だ。この議論をしなければ、学校事務職員の主体性は発揮できない。議論では、「つかさどる」都道府県費学校事務職員だけではなく、「従事する」市区町村費学校事務職員やスクール・サポート・スタッフで国の補助的交付税措置で予算化された学校職員の労働環境をめぐる課題も一体的に検討することが必要不可欠の条件である。

◆学校事務の共同実施が広がっても、「学校事務」任用は変わらない ||||||||||||||||||||||||||||||||||||||||||||||||||||||

　学校事務の共同実施が広がっている。大きな背景としては、児童生徒数の減少による小規模学校数の増加（11学級以下の学校数が小学校では44％、中学校では52％）により学校事務職員の未配置、配置されている学校でも業務量の減少があり、ある程度の範囲で統合して、兼務発令による合理化・効率化を図る必要があると考えられていると思われる。

　定数標準法上の学校事務職員は、加配措置を除いて拡充されてはいない。2019年度の定数改善計画の加配措置をみると、学校運営体制の強化のうち学校総務・財務業務の軽減のための共同学校事務体制の強化で30人（前年度▲10人）だけである。定数法関係外の職員の予算が拡大している中で、停滞したこの状況は、政策的な重点が、学校事務職員の配置ではないことを物語っている。図表5-3を参考としてみていただきたい。

　全国人事委員会連合会の学校事務職員の任用についての調査があってから4分の1世紀以上が過ぎた。2018年度実施の義務制学校事務職員採用試験の実施状況は、武波謙三の調査によって明らかにされている。67団体（都道府県、政令指定都市）の複数実施区分を検討すると、受験資格（都道府県、政令指定都市67団体）で以下のように8グループに区分される。

　1．学歴不問（5府県、6市）、2．高卒程度（12県、3市）、3．短卒程度・高卒程度（4県、2市）、4．大卒程度・高卒程度（18道県、3市）、5．大卒程度・短卒程度（1市）、6．大卒程度・短卒程度・高卒程度（2県）、7．大卒程度（4市）、8．例外（5府県、1市）である。

　採用試験の種類では、上級・中級・初級の「級」区分から、学歴区分による「○○卒業程度」との区分として把握したほうがより正確に現状をとらえられると、武波謙三は述べる。

　学校事務採用78.6％、教育事務採用11.4％、一般事務採用10％であり、教育事務採用は九州が多いという地域的な偏りもみられる。学校事務の共同実施が拡大しても、任用では相変わらず学校事務採用が多数であり、教育委員会事務局との人事交流は想定されていないという現状が読み取れる。全人連

の問題提起が正しかったのかどうかは一概に言えない。が、学校事務の共同実施によっても、相変わらず、教育委員会、一般部局との人事交流は想定されていない任用が維持されていることが、数値的に読み取れる[21]。

第3節　学校事務への新たな視点

◆教育財源としての教育税 |||||||||||||||||||||||||||||||||||||||||

　これまでは、戦後教育の成果として、教育機会が平等であり、公教育の成果が万遍なく行きわたって、所得水準も上昇、維持が成り立つ構造があり、次世代への教育投資が個別保護者でも可能だった。「総中流幻想」が続いてきたのである。

　ところが、子どもを取り巻く環境は、20世紀の終わりから悪化し、子どもの貧困が7人に1人になる現在である。にもかかわらず、文科省が進めるのは、ICT活用の個人の学びの最適化である。全体の底上げは二の次である。これでは教育機会の平等を損ね、貧富の格差拡大を招く。

　もはや保護者全体への不足財源の転嫁（もう一つの財布である学校徴収金）は困難である。

　自治体が独自に教育財源を確保することは、国法上できない相談なのか。地方分権一括法により自治体の課税自主権が拡大されて以降、次のような動きが始まった。地方税法の規定とは別に条例で独自の税を課すこと、具体的には法定外普通税、法定外目的税、法定地方税に係る独自税率の設定が可能となった。

　2007年には、高知県知事が教育税の導入を検討した[22]。2007年2月、秋田県は「子育て支援と教育充実を推進する将来ビジョン」の骨子を発表した。その中には、導入時期を2009年4月とする子育て教育税が含まれていた。個人県民税所得割の税率に0.4％上乗せし、年間負担額は、夫婦と子ども2人世帯の場合、年収300万円では年間700円の負担にとどまるが、年収700万円で1万1,800円、年収1,000万円で2万1,600円となる。しかし、総額25億円になる子育て教育税は県議会の反対にあって断念された。

　形としては日の目をみていないが、自治体が教育を重点化する場合に、アメリカの教育税のように自治体で独自財源を求めるという課題は、今後も検討の価値がある。

◆普遍主義に立つ子どもの貧困対策 ||||||||||||||||||||||||||||||||

　日本における子どもの貧困は、21世紀に再発見された。自己責任論が広が
る中で、明らかに自己責任とはいえない子どもの貧困状況が、学習の妨げに
なっている事態は、深刻にそして改善方策は共感を持って受け止められた。

　日本国憲法に書かれた教育の無償化の理念は、絵空事に終わらすことなく
実現可能なところまで戦後70年かけて改善してきたのである[23]。2013年 6 月、
子どもの貧困対策の推進に関する法律（2019年改正）、それを受けて2014年
8 月、子供の貧困対策に関する大綱が閣議決定されて、大きく動き出した。
大綱の中で、学校は子どもの貧困対策のプラットホームとされた。貧困の連
鎖を防ぐという論理から、教育での対策は、公設民営塾への誘導など学習状
況の改善に特化したものであった。

　しかし、連鎖を防ぐことは重要だが、それ以上に今の貧困対策が重要であ
る。子どもは保護者の扶養によって生活を成り立たせているのであるから、
子どもの貧困は保護者が貧困から脱却することなしに解決することはできな
い。学校を子どもの貧困のプラットホームにすると本気で政策担当者が考え
ているのであれば、イギリスのブレア政権時代が2001年から実施したように
保護者も含めた貧困対策として、エクステンディッド・スクール（拡張学
校）のような構想を立てる必要があった[24]。子どもたちには、通学アクセス
や放課後のスポーツ、学習、保護者・地域の経済的自立や食生活の改善や健
康管理など貧困からの脱出に必要な公共サービスを、イギリスでは学校をプ
ラットホームとしてつくり出そうとしたのであった。

　これらのサービスをみると、すでに日本の学校で行っている「部活動」な
どを転用することが可能であり、それほど新奇なメニューではない。学校給
食の無償化も自治体の努力で広がっている。民間教育産業への委託が進む公
設民営塾政策に特化せず、「学校」を基盤としながら総合的な施策として実
施する発想を持てるかどうかである。世田谷区や板橋区立中学校では校内に
子ども食堂を2020年 4 月に開設するなどの動きもようやく現れている。

　現状では、学校事務職員が関われるのは、保護者の経済格差が与える子ど
もの学習への影響を、少なくとも学校教育において最小限にとどめるという

ことでしかない。しかし、わずかばかりの範囲であるが、それでも有効性は高い。その手法は2つある。

◆公費予算の拡充・改善と私費の根絶 ||||||||||||||||||||||||||||||

　1つは、公教育の無償化を拡大し、子どもたちがお金の心配なしに学校に来ることができる状態を実現する、そのための普遍主義に立った工夫と取組である。学校に配当される公費の拡充と効率的な執行は、戦後を通して学校事務職員が心血を注いできたものである。その一端は、東京都の学校運営費標準の作成とそれに基づく執行、中野区のフレーム予算、横浜市の総額裁量予算によって垣間見ることができる。学用品、修学旅行経費などの無償化、軽減措置の試みは各地で進んでいる。

　教育の情報化、ICT環境整備には多大な予算がかかる。現在、教科書は無償であるが、2019年4月からデジタル教科書は使用可となったが、無償ではない。教科書ソフトだけではなく、タブレット端末や電子黒板をはじめとする映写装置などの機材、インターネット、イントラネットなどの情報網経費まで、膨大な予算がかかる。保護者や地域の情報環境、自治体・学校の情報教育にかける予算の格差は、これまで以上の教育格差（デジタルデバイド）をもたらすものである。2020年度内の1人1台ICT教育が進められているが、特にAI幻想とでもいえる過度の期待を排除し、インフラ整備は地域全体のインフラ整備の一環として計画的に実施すべきものである。

　学校徴収金の全廃への取組もある。義務教育の完全無償化の自治体は、山梨県早川町など10を数えるまでに至っている。これは少し前までは考えられなかった改善である。

　学校徴収金の中でも大きな割合を占める学校給食費については、2020年度、無償化自治体141団体、一部補助自治体300団体も含めると自治体の4分の1を超えるまでに拡大している。図表5-7「学校給食無償化自治体数」に拡大が上昇していることがよく分かる。2014、15年頃から急拡大していることを考えると、子どもの貧困問題が影響していると思われる。

　2020年には30万都市の中核市・明石市で中学校の学校給食費無償化が実施された。政令指定都市である大阪市も検討を始めた。

図表 5 - 7
学校給食無償化自治体数

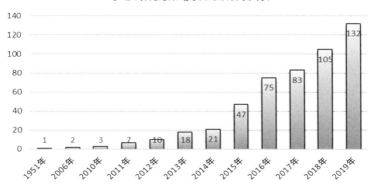

　学校徴収金を校長一存会計として私費のままにしておくことは、違法な金銭徴収で成り立つガバナンスのない学校運営を続けるということである。学校給食費の公会計化の取組は確実に拡大している。無償化の前提は公会計処理である。

　2017年 4 月11日、参議院総務委員会において、杉尾秀哉参議院議員は、公務員の非正規化などとともに学校給食費の公会計化について質疑を行った。これに対する、総務省安田自治行政局長の答弁趣旨は以下の通り。

　「学校給食の実施が、地方公共団体の事務と整理されるのであれば、学校給食の材料費を地方公共団体の歳出予算に計上して支出するとともに、これに伴って集金する学校給食費についても地方公共団体の歳入予算に計上すべきものと考えている」。

　文科省瀧本審議官の答弁趣旨は以下の通り。

　「学校給食の実施に係る給食費について食材費を含めて公会計化を進めるとともに、徴収・管理等の業務を地方自治体が自らの業務として行うよう、地方自治体の会計ルールや徴収管理システムの整備など必要な環境整備を促しつつ、地方自治法を所管する総務省ともよく連携しながら、文科省として対応を進めたいと考えている」

　このような答弁が出ているのであるが、文科省は学校徴収金の改善を「学校・教師の働き方／働かせ方」改革の視点からしか実施しないという大きな

限界があり、違法行為としての認識には甘いものがある。2019年7月31日、文科省は「学校給食費等の徴収に関する公会計化等の推進について」の通知をようやく出した。通知には「学校給食費徴収・管理に関するガイドライン」も添付され、一段と公会計化が進むとみられる。2020年度実施は自治体の3分の1に当たる589団体まで広がっている。過疎化と子どもの貧困の2つの深刻さを背景に学校給食費の無償化自治体数は年々上昇している（図表5-7）。この取組を中心的に行うことができるのは学校事務職員である。

◆無償化を展望した就学援助等の改善 ||||||||||||||||||||||||||||||

　2つは、貧困世帯と自治体が判断した世帯への選別的補助の拡充と取扱いの改善である。これは、就学援助制度が代表的な給付制度である。選別的福祉政策は、「劣等処遇」という属性を持っている。

　2015年には就学援助率は、児童生徒数全体の減少と経済状況の変化という2つの理由から、3年連続の減少により15.23％（対前年度比▲0.16ポイント）となっている。今後、コロナショックの影響を受けて、悪化が予想される。

　制度の大枠の中での実務を通した改善は、例えば、新入学時にかかる費用が入学後6、7月に就学援助費用として給付するというタイムラグをなくす取組は成果を上げて、新入学児童生徒用品費の入学前支給は2019年度の新入学では小学校で73.7％、中学校で78.9％にまで拡大している。

　文科省が2007年に出した「生活保護制度における代理納付等の適切な活用等について」の周知文書に基づいて、児童、生徒が学校給食を食べても保護者が費用を納付しないために起こる問題を未然に防ぐ対応も進めている。

　就学援助認定は、客観的な要保護認定の所得基準の1.3倍以上とすることを基本に、生活実態に合わせて校長の職権で認定できる制度の一層の改善が必要である[25]。かつては長崎県香焼町（現長崎市）のように自治体判断で、地域の児童生徒全員を就学援助の対象に認定したところもあった。世田谷区のように就学援助認定での改善を積み重ねることで、実質的な無償化によって、その必要性がないまでに普遍化させることが重要な視点である。

　選別主義のこの福祉政策は、学校事務職員の業務である学校財政の延長線

上にあるとともに、スクールソーシャルワーカーが行う貧困家庭への「ソー
シャルワーカー」業務でもあり、協力関係が必要である。改善を重ねて充実
してきたのは、学校事務職員の力なしにはあり得なかった。総合的な学校事
務領域への現状を把握していない福岡市と文科省は、2019年度に義務標準法
の事務職員定数枠でスクールソーシャルワーカーを採用するという、誤った
対応を行った。この動きが広がらないように注視し働きかけを強めなければ
ならない[26]。

　基本的には普遍主義的な教育福祉政策を足元の自治体から次々と実現し、
状況に合わせた副次的な政策として選別主義の施策を改善させていくことが
21世紀の学校事務職員の職務の新たな柱の一つとなっている。学校そのもの
を学習指導要領に定められた学習の場である以上に、身近な生活の改善をと
もに実現する場として拡張する視点が重要である。

　この教育福祉、地域と一体となった学校づくり、学校財政、さらに縮小し
ても残る総務事務の4つの領域を設定した学校の構想イメージでは、教員、
教員出身者の管理職（教育行政の専門性を身につけていない場合）では、欠
くことのできない重要な職種ではあっても、さまざまな要素を調整、結び合
わせながら多機能・複合化した学校を包括的に運営するには限界があると考
えている。

1）市川昭午「教育事務研究の対象と課題」『日本教育事務学会年報』第1号、2014年
2）磯田勝「教育は、学校は、はたして変われるか」『分権改革と教育改革』ぎょうせい、2000年
3）日渡円『教育分権のすすめ』学事出版、2008年
4）佐藤晴雄「『コミュニティ・スクール』は誰のもの（上）」『学校事務』2012年8月号
5）元井一郎「第8章　地域づくりと公教育」『公教育の市場化・産業化を超えて』八月書館、2006年
6）山城直美「市町村合併による人口減少と流出・学校統廃合の加速化」『学校事務』2017年4月号
7）文科省「平成30年度廃校施設等活用状況調査」及び武波謙三による学校基本踏査に基づく分析
8）財務省が財政制度等審議会歳出改革部会（2019年5月16日）に提出した資料
9）山城直美「統合中学校のコミュニティ・スクールがつなげる地域の力」『日本教育事務学会年報』第1号、2014年
10）市川昭午「大阪維新の会『教育基本法条例案』何が問題か？」教育開発研究所、2012年
11）中教審初等中等教育分科会学校における働き方改革特別部会資料2「学校の組織運営体制の在り方に関する参考資料～事務職員関係～」2018年4月25日
12）中村文夫「政令市費教職員制度の創設―政令市への給与費等の移譲と大都市の教育政策の可能

性」『日本教育事務学会年報』第1号、2014年

13) 中村文夫「第6章　学校職員の非正規化と外部化」『子どもの貧困と公教育』明石書店、2016年

14) 中村文夫『子どもの貧困と教育の無償化』（「4-2 教員の多忙化の底にあるもの」）明石書店、2017年

15) 「教員の働き改革への支援員6割増」『日経グローカル』2019年5月6日

16) 「教員の働き改革への支援員6割増」『日経グローカル』2019年5月6日

17) 全国都道府県教育長協議会第4部会「教職員の働き方改革の推進について」2019年3月

18) 財政制度等審議会財政制度分科会歳出改革部会「財政制度等審議会」2019年5月16日

19) 樋口修資他編著『支援スタッフで学校は変わるのか』アドバンテージサーバー、2018年

20) 中村文夫「多様な職種で成り立つ学校現場」『都市問題』2019年6月号

21) 中村文夫「学校事務職員の任用」『学校事務』2019年9月号

22) 時事通信「『教育税』導入を検討＝橋本高知県知事」2007年2月23日

23) 中村文夫「公教育のすべてを無償に」『世界』2017年2月号

24) 山口伸枝「公教育に期待する福祉的役割」『公教育改革への提言』八月書館、2011年

25) 中村文夫『子どもの貧困と教育の無償化』明石書店、2017年

26) 中村文夫「すごいぞ、学校事務職員―定数、配置から現状を読み解く」『学校事務』2019年4月号

学校事務職員の未来は …教育は学校を必要と していない？

第6章

広域通信制高校からみえる未来の学校は遠隔教育、小規模学校はサテライト

◆柳田國男の言葉を思い出す ||||||||||||||||||||||||||||||||

「ずぬけた偉い人とか、村から他に出てゆく者のために力を入れて、村に住む人を忘れているような教育をやめて、村が真に一個の有機体、生活体になることを目標に、『あたりまえの村人』を育てる教育になって欲しい」と、戦後間もなくに柳田國男は語っていた。戦前に官僚として立身出世し、偉才、異能の人であった自分を反省しての言葉であろう。

現在でも、子どもたちの多くは、義務制では市町村立の学校で普通教育を学び、高校では都道府県立の学校で普通教育と専門教育を学んでいる。頭抜けた才能、異能をもてはやし、地域ではなくグローバルな世界に出ていく者のために力を入れて、地域に住む人を忘れたような教育をやめて、「あたりまえの人々」が持続可能な営みをするための教育になってほしい。偉才、異能の人のためだけであれば、地方自主財源を基礎とする地域にある公立学校は必要とされないのではないだろうか。

◆拡大する広域通信制高校 ||||||||||||||||||||||||||||||||

「コロナ休校」での遠隔（オンライン）教育も実施された現在、近未来の学校、近未来の学校事務を、拡大する通信制高校をヒントにして考えてみたい。

好きな場所、好きな時間にスマートフォン（スマホ）で授業を受け、スマホでレポートを提出して、時々学校に「出校」すれば、卒業が可能、との謳い文句も聞かれる。通信制高校は、私立、その中でも株式会社立の学校が増えている。日本では学校教育法第2条により、学校を設置できるのは、国・自治体・学校法人に限られているが、その例外が2002年「構造改革特別区域法」によって規定された。この「教育特区」に限っては学校法人以外の株式会社、NPO法人も学校設立が可能なのである。

中にはフィギュアスケーターの紀平梨花選手が在籍し、あるいは甲子園や

サッカー全国大会にも出場する学校もある。高校生の20人に１人が通信制高校に在籍している。近未来の学校の姿がそこにみることができる。生徒の学習形態が変わることは、教員、学校事務職員の勤務形態、業態も変わることである。

　通信制高校は積極的な選択の一つとして近年になって認知されるようになった。昼間の学校に通う時間がない若年勤労者に対して、学校教育法が制定された当初から、定時制高校とともに教育機会の平等を実現するために設けられたのが通信制高校であった。全日制高校に行けない若者へのセーフティーネットだったのである。働いている若者に教育機会を設けるというこの性格は現在でも基本的に変わらない[1]。学校の形態・制度（後期中等教育）は、図表 6 - 1 のようにいくつかに分類できる。その一つが通信制である。

　「いつでも、どこでも、だれでも」という生涯学習を先取りしたような通信制高校は、可能性の高い学校制度として再発見され、時代のニーズに対応してきた。1980年頃に教育需要が変わり、不登校生への受け皿、さらに21世紀では既成の学校に飽き足らない子ども、アスリートを目指す子ども、外国にルーツをもつ子どもが積極的に選ぶ学校へと変貌していった。現在でも、教育機会の平等を実現する有効な手段であるが、それだけではない可能性も広がっている。その可能性の中には、新自由主義特有の危うさも同居している。

　従来からの狭域通信制学校は、自宅のある、あるいは勤め先のある地域の学校に「出校」する。これに対して、拡大している広域通信制高校は、日本全国一区が可能であり、きめの細かな学習補助は、近くのサテライト施設が行う。学習指導要領に沿って74単位が必須であるのは、全日制、定時制と同じである。文科省の定める基本的な教育内容は、通信制高校でも変わらないのである。ただし、学年に分かれ毎日学校（学級）に通学するのではなく、メインはレポート提出になる。それに一定時間のスクーリング（出校）、そして試験という３本立てである。在籍する高校の学費にサテライト（サポート校や技能連携校、協力校）への費用も加わる。

　現在、全日制、定時制でも半分近くの36単位までは遠隔授業実施が単位認

図表6-1　学校の形態・制度別（後期中等教育）

形態	制度	類別	設置者	説明	学校数(校)	生徒数(人)	備考
単一	全日制	普通科、職業科	公立、私立	通学型、学年制。一斉授業、集団指導	4,897	3,515,378	全日制普通科の生徒割合73.1%
	定時制			通学型、学年制、単位制。一斉授業、集団指導。夜間、昼間、夜昼間。	681（公651、私30）（単独26%、併置74%）	85,283	勤労若者の教育機会保障として夜間開設。不登校者等の需要にも対応。学校数は2012年
	通信制	狭域、広域	公立、私立、株式会社立	単位制。レポート（添削）、スクーリング、試験の3本の柱。サテライト施設あり。	252（独立110、併置142）	186,502	勤労若者の教育機会保障として発足、不登校者、外国にルーツを持つ者等の需要にも対応
一貫	中高校	中等教育学校	公立、私立	6年制教育機関	53	16,048（後期分）	国立4校、公立31校、私立18校(2016年)
	高校、高等教育	高等専門学校	公立、私立	5年制教育機関	57	54,553	国51校、公3校、私3校（2016年）
	小中高校	特別支援学校	公立	障がい者等が「幼稚園、小学校、中学校、高等学校に準じた教育を受けること」と「学習上または生活上の困難を克服し自立が図られること」を目的とした学校	1,141	1,413,379	小中高校総数。国45校、公10,825校、私14校
参考；一貫	小中校	義務教育学校	公立	9年制教育機関	82	1,584	国2校、公80校

出典：文科省「学校基本調査」学校数、児童生徒数は2019年、ただし中等学校、高専は2016年

定されている。通信制高校では、1単位＝レポート3回＋面接50分（テレビ、ラジオ使用の場合は6分の1以内で免除）＋試験。3年間で卒業するためには、1年間で上限30単位を取るための自学自習が必要となる。その上で、各通信制高校が提供する特色ある専門コースを学ぶことができ、看護などの資格、情報処理、声優など希望のスキルアップ、そして難関大学を目指す学力向上など多彩なメニューによって将来を展望することも可能である。ただし、その分は経費の上乗せがかかる。意欲と学資次第ということである。

　ある通信制高校は、「生徒全員を救う事を目指さない」戦略を立てている、と公言している。自己責任の強調は、新自由主義的な発想の一つである。こ

のような発想は、現にある貧困を隠し、それによる格差を拡大する。公教育の理念である教育機会の平等から遠く離れた公教育を、公費をベースにして実施することになる。

◆通信制高校の運営と財政基盤 ‖‖‖‖‖‖‖‖‖‖‖‖‖‖‖‖‖‖‖‖‖‖‖‖‖‖‖‖‖‖‖

「通信制」の手段も、紙の教科書による自学自習、紙のレポート提出という紙媒体から、インターネットを使ったオンラインの形態へと急激に変わってきている。パソコンを持つ必要はない、「スマホ先生」というわけである。このような遠隔授業をベースにした学校のスタイルは、学校経営・運営のあり方も根本からの変更が必要になる。まず、生徒数に比べて学校施設や教職員はわずかで済む。コストパフォーマンスがよいのである。広域通信制高校では、千人、いや1万人規模もある。

　2010年度からの授業料無償化は、「公立高等学校に係る授業料の不徴収及び高等学校等就学援助支援金に関する法律」によって始まった。2014年から所得制限が導入されたことによって公立高校の授業料不徴収はなくなり、所得基準による就学支援金という新たな制度に変更された。支給対象は市町村税所得割額30万4,200円未満、年収約910万円未満の世帯である。同時に、低所得世帯の授業料以外の教育費の負担軽減を推進するために設けられた奨学給付金も始まっている[2]。その後は、公立学校より費用のかかる私立高校（私立学校の授業額の設定はその学校の設置者の権限と責任）への優遇措置ともみえる加算措置が続いている。2020年4月からは、公立高校進学だと、世帯収入年収910万以下で年11万8,800円支給。私立進学だと590万円未満世帯は私立平均授業料39万6,000円まで無償に。さらに首都圏等では都道府県の独自加算もある。この結果、公立高校離れが加速し、私立志向が進んでいる。私立高校の優遇策を組み込んだ高校無償化は、保護者・個人に公的資金を給付し、それによって学校選択を加速させる教育バウチャーの色彩を強めていると考えることができる。図表6‐2を見てほしい。アメリカ発祥の教育バウチャー制度は、公設民営学校とならんで教育の新自由主義的な政策を推進する行財政制度である。

　高校授業料については、学校法人以外の株式会社立であっても基本的に無

図表 6 - 2　設置・経営形態別学校区分

学校形態	設置者	経営	公的財源支出	備考
公立学校	公設	公営	機関補助	国立0.3%、公立72.7%
私立学校	民設	民営	機関補助	学校法人27.0%。特区株式会社含
公設民営学校	公設	民営	機関補助	特区株式会社含む。県立愛知総合工科高校専攻科、大阪市立水都国際中・高校
教育バウチャー	公設、民設	公営、民営	個人補助	軍政期のチリ　※

参照：学校基本調査2018年。※教育バウチャーは大阪市等で実施している塾への補助金制度がある。

償であり、生徒１人当たりの積算も同じである。授業料無償化の果実を最も得たのは、教育産業として広域通信制高校の運営をする民間企業・NPO法人等であったと考えることもできる。少なくとも、授業料無償という財政的な基盤がなければ、参入することは、困難であったろう。

　2015年、三重県名張市の教育特区に設立されたウィッツ青山学園高校は、就学支援金不正受給に手を染めた。文科省は事態を重くみて、「高等学校通信教育の質の確保・向上のためのガイドラインの策定について」を通知している。中では財源問題に限らない違法・不適切な学校運営が指摘され、改善が求められている。サテライト等連携施設の実態について、監督する行政機関が把握すること。「添削指導・面接指導・試験」は認可されている学校の教員が行うこと。不正受給に関連している不適切な生徒募集を行わないこと。「ユニバーサル・スタジオ・ジャパンでのお釣りの計算を数学の授業」にすることや、「移動中のバスで洋画鑑賞を英語の単位」とすることなどが新聞で取り上げられた。不適切な教育課程の編成を行わないことも指導されている。だが、私立学校に関しては監督する行政部署は、知事部局であり、教育委員会ではないため教育課程の適切さへの指導がどの程度まで行えるのか、疑問がもたれても不思議ではない。

◆牢獄管理から情報管理に手法の転換 ||||||||||||||||||||||||||||||

　牢獄の管理では、常に規律を強いることで（あるいは強いられていると思うことで）、囚人が規律を内面化する。同様の機能が、学校にもある。しか

し、通信制学校の運営では、牢獄がない「いつでも、どこでも、だれでも」状態なので、規律強制の代わりに監視技術の高度化による情報管理が教育を成り立たせる手段となる。主体的な学びだけを強調するならば、そもそも公教育としての学校制度はいらないはずである。情報通信技術に依拠し、個人をさまざまな情報データに分割する。そして遠隔操作によって必要な管理と評価を行う。

　毎日登校することを前提とする全日制高校が行う出席管理、生徒指導などの教務事務は通信制高校では二次的な業務となり、事務量は減少する。分割したデータの集積と目的に沿った管理と評価により個別最適化された学習をサービスすることが主要な業務となる。データを解析される対象は生徒だけではない、学校職員にも当てはまる。近未来の学校では子どもはホーム・スクール（オンライン学習）、教員と事務職員は自宅勤務（テレワーク）が主流となる。

　2019年、全教員の1割について自宅勤務の導入をはじめた広域通信制高校がある。「文科省が提示した教員の負担軽減が可能な業務の中から、担任連絡補助や学習計画作成補助、学習システム設定・利用説明補助、そのほかの事務作業の補助などについて、出勤が困難な在宅勤務希望者に対して、2月4日から採用を開始する」「具体的には、学習システムの設定が分からないといった問い合わせの対応や、各種アンケート対応、学習進捗状況の確認と連絡、スクーリングの時間割作成や出欠確認、採点結果のシステム登録などだ」とされる。雇用形態は、教員免許を持っている「契約社員」と持っていない「アルバイト」に分けられる[3]。

◆首都圏でも公立高校が消えていく ||||||||||||||||||||||||||||||

　読売新聞の2017年10、11月の調査結果によれば、35都道府県で公立高校の再編計画が進む。「具体的な削減数を答えた25道府県では、2018年に3,165校だった全日制高校（本校）が10年後の2028年には130校が減る。最も減るのは神奈川県で、2027年度までに県立高校の約2割の20〜30校を減らす」としている[4]。2018年春入試で都道府県立高校の約4割に当たる1,311校が、募集定員を満たせず定員割れをしている[5]。私立高校、特に通信制高校への希

望者が増加している。私立優遇の高校授業料無償化がこの流れを後押しして
いる。

　歴史的に、東京都は私立高校志向が高い傾向があり、5割を超える生徒が
通っている（小学校でも全国平均1.2％、東京4.2％。中学校7.2％、24％。
高校31.8％、55％／2017年）。この間の優遇政策により、この傾向が強まっ
ている。首都圏では公立高校が政策的に消滅させられている。公教育を、教
育バウチャーを介して、実質的に民間委託化すれば、自治体としては財政的、
人事管理的なくびきから自由になれる。運営主体から管理・財政補助者とい
う立場に転換することができる。

◆義務制の通信制学校の可能性 ||||||||||||||||||||||||||||||||||||

　義務制諸学校でも、通信制学校が、やがて始まる可能性がある。なぜなら、
通信制高校の存在が知られたことで、自分の最適なペースで学習したい意欲
をもつ小、中学校の子どもとその保護者の需要が喚起されるからである。様
変わりする学校の風景の中にどんな学校事務の姿が考えられるか。

　2018年11月に出された「柴山プラン」では、2020年代の早い時期に遠隔教
育ができるようにするとされた。近年、遠隔教育は公立学校でもへき地、離
島の高校から実施に移されてきている。小規模学校では、定数標準から教科
ごとに担任を確保できないことが導入の説得力となっている。高校の教職員
定数管理では、国による標準定数法は義務制同様に存在するが、この制度を
財政的に担保する義務教育費国庫負担制度が存在せず、自治体の自主財源と
地方交付税交付金措置によって人件費を賄っている。人事定数管理は、義務
制より自由度が高い。2018年4月から、兵庫県立高校の小規模学校を遠隔授
業で行う試行が始まっている。

　遠隔教育は、教科担任制をとる高校、中学校への導入がしやすい。2020年
度実施の学習指導要領は授業時間数が大幅に増える。小学校では、従来は教
えていなかった英語教育や情報処理・プログラミング教育が導入され、それ
を契機に高学年の教科担任制の2022年導入が検討されている（中教審答申
「新しい時代の初等中等教育の在り方について」）。義務制小中学校も高校と
同様の課題を抱え、遠隔教育に改善策をみいだす。それだけではない。不登

校児童生徒や長期療養を続けている児童生徒への対策として自宅や院内で遠隔教育を実施する可能性が語られ、コロナ休校対策でも活用している遠隔教育は果たして特効薬になるのか。それとも安価な偽薬なのか。

　義務制でも、へき地、離島への導入が次のステップへの焦点となる。すでに学校統廃合による学区の広域化は限界に達している。自治体の学校維持管理の軽量化には、通信制高校に似たシステムである遠隔教育を基本とした教育制度への緩和が考えられる。採算が合えば株式会社も参入するであろう。設置は、公設として残したまま運営を民間企業・NPOに委託する公設民営型を選択し、通信制学校に転換する可能性も出てくる。それは、学習する場をサテライトに限定することから自宅にまで拡大することによって、ホーム・スクールとなる。研究が始まっているのが拠点校に学習拠点を置き、従来の地域の小規模学校あるいは公民館等の公共施設をサテライトとするネットワーク型の地域教育システムである。さらに、文科省は2018年6月、小中学校対象の遠隔授業を離島以外でも実証実験を全国6か所で始めている。学校統廃合とともに遠隔教育は、自治体の公教育からの撤退を加速させるツールである。

◆経産省「未来の教室」と文科省「Society5.0に向けた人材育成の推進」

　教育の情報化は、学校運営の情報化・機械化であるとともに、教授活動の情報化・機械化である。それは人間教員による教授活動から、ビッグ・データ、AI・機械学習を用いた効率的な学習環境への転換も意味している。人間教員が積み上げてきたスキルを、機械に蓄積、置き換える取組がすでに始まっている。教員も、教師から教育機器を操る指導員（インストラクター）への転身が準備されているわけである。

　2018年6月、経済産業省「『未来の教室』とEdTech研究会　第1次提言」が出された。EdTechとは、教育（Education）とテクノロジー（Technology）を組み合わせた造語である。そこでは「学習者中心」、つまり個人の資質・能力を最先端の技術と学校・学級の枠組みにとらわれないシステムによって「個別最適化された学び」を実現し、「学びの生産性」を向上させることの必

要性を主張している。公立、私立学校などの公教育機関だけではなく学習塾などの私教育機関の垣根も取り払うことで、一人一人の学習者が「自由」を手に入れ、「創造的な課題発見・解決力」を得ることができるとしている。インターネットとクラウドを通じたサービス提供を行う EdTech は、「誰でも、いつでも、離島や山間部でも、自宅でも学校でも学習塾でも、何歳でも」「教育の質的な機会均等」を担保すると謳う。それは、「社会とシームレスな『小さな学校』（民間教育・先端研究・企業／ NPO と協働、企業 CSR ／ CSV が集中）」になることでもある。CSR（Corporate Social Responsibility）は、企業の社会的責任、CSV（Creating Shared Value）は、企業が経営資源を用いてビジネスとして社会問題に関わり価値を高めることの略称である。卒業証明、資格証明などの国家が保障する認証にもこだわりがない。グローバル人材にとって、国家からの認証の重要性は軽減するという発想である。

　文科省は、表現としては穏やかだが、経産省と同趣旨の考え方を示している。2016年９月９日、文科大臣は日本経済再生本部のもとにある未来投資会議（第16回）に「Society5.0に向けた人材育成の推進」を提出している。2018年２月21日、未来投資会議 構造改革徹底推進会合「企業関連制度・産業構造改革・イノベーション」会合（雇用・人材）に、文科省、経産省、総務省連名で出された「学校教育における ICT、データの活用」に掲載されている取組事例をみてみよう。「次世代学校支援モデル構築事業実証地域（渋谷区）」では、児童生徒がタブレット端末等を活用した際の学習履歴と、教員が校務事務で入力したデータ等を「スマートスクール・プラットホーム」で集積分析を行い、よりアダプティブな学習指導、生徒指導等を実現する。文科省「EdTech を活用した教育改革推進プロジェクトチーム」の参考事例にある、戸田市と民間企業ハイラブルとの授業分析ツールを使った授業改革の活用も掲載されている。

　2020年度からの新学習指導要領の実施を見据え、文科省は、「2018（平成30）年度以降の学校における ICT 環境の整備方針」を策定し、教育委員会へ、学習者用コンピュータを３クラスに１クラス分程度整備、全普通教室へ無線LAN 環境の整備等を求める通知（2017年12月）を出している。この整備方針を踏まえて、「教育の ICT 化に向けた環境整備５か年計画（2018〜2022年

度）」に基づく単年度1,805億円の地方財政措置がなされている。「文部科学広報」No.223、2018年6月号は、特集1「Society5.0に向けた人材育成〜社会が変わる、学びが変わる〜」、特集2「小学校プログラミング教育について」を組んでいる。Society5.0に向けた人材育成の推進では取り組むべき施策として、「公正に個別最適化された学びの実現」「基盤的な学力や情報活用能力の習得」「大学等における分離分断からの脱却」の3点の具体化に意気込んでいる。2019年5月17日、教育再生実行会議は「技術の進展に応じた教育の核心、新時代に対応した高等教育改革について（第11次提言）」を行った。

　2019年6月25日には、文科省「新時代の学びを支える先端技術活用推進方策（最終まとめ）」と、経産省「『未来の教室』ビジョン」が出されている。GIGAスクールネットワーク構想が打ち上げられ、小中高校を高速通信網で結ぶ。子どもたちの学習ログと生活記録は電子化された学習指導要領としてビッグ・データ化され一生涯活用できる。熟達した授業はAI（機械学習）に置き換えられ、公立・私立・民間教育産業の区別なく共有されることで、個別最適化された学びが実現されると目されている。文科省は2025年までの工程表を作成している。ギアが入ったのである。2019年12月に閣議決定された2019年度補正予算1兆円。デジタル・ニューディールと称して9,550億円が計上され、文科省関連では、小中学校1人1台を目指して、小5、6年と中1年用として導入が始まり、またLAN整備も始まり合計で2,318億円を盛り込んだ。総事業費は今後4年間で4,300億円を見込む（GIGAスクール構想）。補助率は2分の1なので、自治体にとってはさらなる負担増となる。コロナ休校を受けて2020年度内1人1台PCへの前倒しを方針化した。電子黒板のように教室でほこりをかぶったままにならないか危惧される。

　個別最適化された学びの実現形態は、現在の公設公営学校に限定されず、教育機会は多様化するのである。教育バウチャーによる公的な補助を受けながら保護者の財力によってコース選択が可能なバーチャル学校を選ぶ将来にあるのは、「強い主体的な個人」を想定した自己責任の教育である。そこにあるのは希望なのか絶望なのか。子どもはホーム・スクール（オンライン自宅学習）、教職員はテレワーク（在宅勤務）が一般化する将来では、学校事

務業務も変更（校舎管理がなくなる。在籍・履修の情報管理に重点化）する。

　このまま改革が進むと、「学校があるのが当たり前、学校に行くのが当たり前」は、20世紀の遺物になってしまう。１％と99％といわれるほど格差が広がるアメリカ社会、そこでは通信制学校が先行実施されている。オンライン・バーチャール・スクールと呼ばれる通信制公設民営学校は、ダイアン・ラビッチによれば、公立学校の企業型改革の一つであり、「その所有者にとっては金のなる木であるが、本物の教員や本物の学校の粗雑な代用品」である[6]。貧困ビジネスの様相を呈しているのではないか。

　21世紀後半は「無学校」教育が一般であり、経費がかかる学校は一部の有産階級用の贅沢な制度になる。通学制あるいは寄宿舎制の「人間教師」による集団教育の場としてのリアル学校が別枠で用意される。例えば、2018年度実績で、慶應義塾横浜初等部の初年度納付金は、175万円である（入学金34万円、授業料94万円、施設設備費45万円）、その外に教材費２万円、給食費11万円がかかる。このような学校は、リアルな形態として残るであろう。

　子ども間に、格差による優越感、劣等感をもたらし社会的な分断を人生の早期から醸成することになる。リアルな学校では高い壁、監視カメラ（CCTV）と重装備された警備体制というゲーティッド・スクールの中の学習と、ゲーティッド・シティからの装甲車並みに安全なスクールバスと警備員が乗り込んだ通学により、特権階級の子どもたちは、特権を脅かす「恐怖」の分断社会から隔離されて育つ。

◆学校運営の情報化・機械化 ||||||||||||||||||||||||||||||||||||||||||||||||

　自治体の合理化・効率化は、金食い虫である人（本採用公務員）を減らすことを別の表現で表したものである。その方策は、非正規化、民間委託化と情報化・機械化の２つの方法しかない。学校事務の領域においても情報化・機械化は、人事給与に関して、手書き帳票の作成から人事給与システムへ、現金支給から給与振込制の導入へ、ということから始まった。遅れて、学校予算の執行に関しても財務会計システムへの転換が行われた。

　学校運営全体の合理化は、現在、総合型校務システムの導入によって端緒についたばかりである。北九州市では、児童生徒の成績管理、学校職員の出

退勤管理を教育委員会で一元管理するシステムの運用を始めている。文科省「学校における情報化の実態等に関する調査（平成29年度）」では、総合型校務支援システム整備率（5.6人／台）は52.7％に過ぎない。小規模自治体単独の導入では費用対効果をみれば、導入効果は少ないからである。都道府県で一致したシステム導入が検討される場合もあるが、それは設置者である市町村から実質的に教育行政事務を取り上げることにつながる。さらに、文科省・総務省は、「次世代学校支援モデル構築事業の取組」を進めている。総合型校務支援、次世代学校支援というよりは、教務事務支援モデルに限定されたものが多いようにみえる。

　学校だけではなく、教育委員会事務局を含んだシステムでなければ、中途半端な代物になる。西条市では、教育クラウドを利用した校務支援システムを構築し、教員が自宅のPCやスマホからアクセスしてテレワークをする「電子風呂敷残業」とでもいえるシステムが2016年から稼働している。これは第19回テレワーク推進賞を受賞している。無償残業の既成事実の上にテレワークが広がる。

　新たに注目するシステムは、RPA（Robotic Process Automation、主に定型作業を、ソフトウェア型のロボットが代行・自動化するもの）であり、日本語では「ロボットによる業務自動化」ともいう。AIの反復学習機能を使って定型業務の自動化を図るものである。これまで機械化しても導入コストが投資収益率に見合わないとして見送られてきた分野である。茨城県は4業務のロボット代行実験を2018年8月から3か月間に行い、労働時間の86％削減をしたと成果が報じられている。県立高校でも旅費申請代理登録で実証実験が行われ、年間の現状工数140時間が削減工数126時間、削減率90.0％、削減金額217,854円を実現したと謳われる[7]。

　しかし、学校事務職員サイドからいえば、旅費業務の入力作業時間だけをみれば削減されたとしても、入力前後の作業では増加した部分もあり、果してそれが総合的に業務量の削減につながるかは不透明である、と疑問視されている[8]。

　導入効果は一面的であるが、その効果の数値だけが独り歩きし、導入拡大の理由づけにされる。実証実験をした段階で、人減らしに向けた結論ありき

ということがこれまでも繰り返されてきた。

◆リアル学校からバーチャル学校へ |||||||||||||||||||||||||||

　グローバルな児童生徒の人材育成の流れは、リアル学校から通信制学校にみられるバーチャル学校への流れでもある。移行過程では、例外的な事例による実証実験を積み重ね、徐々に一般的な地域の学校においても、現実の学校の中にバーチャル的な要素を注入する混合的な形態が広がる。その過程では、「学校・教師の働き方／働かせ方改革」に寄与することも理由づけに強調される。

　「いつでも、どこでも、だれでも」の、自分の選好に合わせた「個性重視」の教育は、地域に縛られた学校、年齢要素に縛られた学級を取り払い、教員の資質・能力や集団の構成要素に限定されないことで初めて「自由」が実現される、とされる。子ども間のいじめや教員による体罰など、集団教育だから起こる学校病理も起らない。登下校時の事故・事件にも遭わない。伝染病の集団感染の危険も薄い。「コロナ休校」は子どもたちにとって遠隔（オンライン）教育の強制導入が伴ったことで、バーチャル学校を長期に渉ってあじわった。この意味は大きい。義制制公立学校に通う子どもたちにとって、コロナ以前の「みんなで仲良く」リアルな学校があたり前ではなくなってしまったのだ。そこにあったのは、ICT活用のひとり学びであり、自己責任による「個別最適化された学び」であった。

　しかし、「個別最適化された学び」に、社会として無限の公的投資をするわけではない。社会として費用対効果から「適切」な財政的な投資によって、現にある資質・能力格差を土台として、さらに格差を拡大することになる。

第2節 「21 世紀学校事務4領域」の提言

◆「学校があるのが当たり前、学校に行くのが当たり前」の持続 ||||||||||||||||||||||||||||||||||||||||||||||||||||||||||||||||||||||

未来の学校を、計画や実証研究などが進んでいる現実からみえる範囲で描いた。しかし、未来は単一ではない。複数の可能性の中で、選び取るものである。

人は生まれてから死ぬまで、1人では暮らすことはできない。好きであろうと嫌いであろうと、群れる生き物である。個体の資質・能力も集団の中で発揮されることで自覚でき、また意味をもつ。自分以外がいるから個性として自覚できる。社会は相互依存である。機械と群れて暮らすことはできない。機械はしょせん手段でしかない。

極東の小さな日本列島全体の人口減少は、地域的な偏差を伴いながら進行している。グローバル都市東京を一強として経済格差も拡大している。格差を埋めて均一の国民を再生産することを目指した公教育においてさえ、行われてきた国家統制もかつてないほどに緩和されている。それでも国家の規制への反発から、規制緩和を個人の自由のためには正義であるかのようにみなす人も少なくない。規制緩和は、格差の拡大の中で、教育機会の平等を放棄することでもある。公立学校の削減、消滅を許容し、あるいは推進し、学校の市場化・産業化に将来を委ねることは、カジノのような危険な賭けに人々の学びと暮らしを投じるものである。

学校の復興、集団的な学びの場の保障の再構築を地域に根ざしながら行うという選択により、格差を減少させていく試みは可能である。公立の義務制諸学校は、一人の「ビル・ゲイツ」を生み出すだすためにあるのではない。それは、偉才・異能のグローバル人材ではなく、普通教育への教育機会の平等を目指す。資質・能力や地域、出身階層、外国にルーツをもつ子どもの学びのためのパブリックな場としてのインクルージョンでリアル学校、である。それは地域に大事にされる小さな学校であれば、より意義も深まるものであ

図表6-3

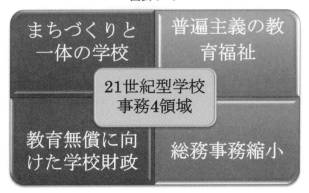

る。違いを調整しながら社会を成り立たせていく人間を生み出す孵卵器となるベーシックな学びの場である。川前あゆみは、へき地・小規模校の特徴を、個々の子どもの状況に応じた指導がしやすいことなど6点にわたって指摘し、プラス面へのパラダイム転換を提唱している[9]。

　国民教育でもなく個人の最適化学習でもなく、地域で人々が共存するための学習の場としての行財政をどのように学校事務職員は考え、参画していくことができるのか。4分野から将来展望を描き、提言を行う。

◆学校の付加価値を高める学校事務4領域の提案 |||||||||||||||

　2015年に、「新しい学校財政」「教育福祉充実」「まちづくり参画」「総務事務縮小」の4つの領域を提唱した[10]。今回、「21世紀型学校事務モデル4領域」（図表6-3）として、整理した上で改めて提唱する。

◆総務事務縮小、そして陽だまりの事務室 ||||||||||||||||||||||

　前世紀では学校事務職員の主要な業務であった総務事務を縮小しつつ、21世紀では地方公務員として地域の期待に応える平等な職種間の協働のための調整に、転換する。

　2015年当時、総務事務縮小は、教職員本人による「発生源入力」と総務事務センターによる一括管理（外部委託）による学校事務の空洞化が起きてい

た。その後も RPA など手を変え、品を変えて進められている。しかし他方ではピラミッド型チーム学校運営は非正規、委託職員を大量に抱え、人事管理は複雑化している。より弱い立場の学校職員の側に立ち、職種間や任用による差別を解消しつつ、それぞれの職域・職種を尊重する本当のチームをつくるのは容易ではない。給与・旅費・共済の事務作業は軽減できるが、調整・協働の学校運営についての専門的な力量が必要となっている。優越感や劣等感、傲慢と怨念とが交差する現実を無視し、教員を「教師」として聖職化し、他の学校職員をなべて補助職員扱いして済むような机上の「経営」論では難しい。学校は地域の子どものためにあるのであって、教員のためにあるのではないことは明らかだ。学校職員も子どものために職分を尽くすのであって、教員のためではない。

2017年からの政令指定都市への義務教育費国庫負担職員の移管を契機として、政令指定都市では、市費職員となった国庫負担職員の人事給与システムが、市費職員管理の一貫として新規作動し、給与関係事務が現場から吸い上げられた地域もある。給与・旅費・共済事務だけが基盤ならば、教育委員会の外局的な「共同学校事務室」も、一層の機械化とバーターの教育行政合理化によってやがて消えていく運命の過渡的な存在ではないのか。週1回にしろ学校から出張し、時間をかけて集まる必要があるのか。次にくるのは、イントラネットなど情報ネットワークを介した学校事務の共同化、相互援助。必要なら電子会議のシステムを入れれば、移動にかかる時間的なロスをなくし、経費もかからない。中間的な教育行政機関は廃止する方向を明らかにし、共同学校事務室が学校運営と教育委員会（事務局）と一体となる前段階であると構想し、実践するならば、別のステップへの可能性はありえる。

学校によっては、正規雇用の教員を実数で上回る非正規学校職員や地域のボランティア、そして民間企業からの委託労働者が頻繁に立ち入る状況を踏まえて、「輝く教室で子どもの学業が進むことに寄与するだけではなく、さまざまな専門職が多様な任用にもかかわらず、心弾ませて働けるような環境をつくり出すため、陽だまりの事務室が待たれます」と述べたことがある[11]。そのような陽だまりの事務室から、住民の意向が尊重されるコミュニティ・スクールや市川昭午が語った学校委員会としての教育委員会（事務局）へと

つながる教育事務を構想することは、厳しくても楽しいことではないか。

　近未来の総務事務を語るときに、ポイントとなるのは今ある学校の形、つまり公設公営学校の原則である。公設民営学校、あるいは教育バウチャーを導入して民設民営学校と競わせるような公教育システムを導入させないような仕組みづくりである。資質・能力と保護者の資産によって分離別学を進める多様な学習機会の考え方の危険性を自覚することが大切である。その発想の行き着く先は、株式会社立の通信制学校が控えている。個人対応のバーチャル学校には、教育機会の平等は今まで以上に形式的な概念となる。そこには、「自由」があるが、学ばなくてよい自由であり、飢える自由でもある。貧しい子どもはより貧しくなる自由である。

◆東京都の学校事務に迫る総務事務改革 ||||||||||||||||||||||||||

　1970年以来、東京都では任用制度が一本化されている（学校事務職員の採用は一般行政部局と一体）。2014年度から、東京都の小中学校都費事務職員の配置は、規模や就学援助等の子どもの数に関係なく1校1名体制となった。

　江東区と武蔵村山市で学校事務の共同実施のモデル実施が2012年、施行実施が2013年から始まった。試行された共同実施（事務センター）は、拠点校方式をとり、そこに正規採用の都費事務職員を集中配備、拠点校以外の学校へは都費非常勤職員を配置することが計画された。この共同実施の試行では、1校1名体制は適用されない。江東区の拠点校では契約額7千万円を2名で執行し、業者支払いも遅延している。東京都では学校事務職員が加盟している7職員団体が、一致して導入反対の取組を行っている。2019年段階でも、学校事務の共同実施は清瀬市、東村山市、小金井市、立川市など2区8市にとどまっている。

　すでに、2006年に都立学校（高校・特別支援学校）に関しては、学校経営支援センターがつくられ、高校の事務職員は2名程ずつセンターへと引き上げられた。

　東京都「都政改革本部会議」では、総務事務改革が計画的に取り組まれており、2019年度からRPAの順次導入、2020年には総務事務センター（仮称）を開設、電子決定率80％、最終的には100％を達成する、としている。

総務事務改革では、はんこレス、ペーパーレス、キャッシュレスの 3 つのレスを土台として事務集約化と ICT 技術の活用による効率化が進められる。所管局による改革では、第 3 セクターである監理団体として新団体の設立が目指され、2019年 7 月に、教員の働き方改革を推進する団体として第 3 セクター「東京学校支援機構」が設立された。2020年から開始される機能は、①多様な外部人材を安定的に確保する機能、②教員のサポート、③学校の事務センター機能、である。学校の事務センター機能では、都立高校だけではなく、市区町村立学校への「共同処理が可能な学校事務を集約実施」「学校施設の維持修繕を効率的・迅速に処理」が掲げられている。

東京都費学校事務職員は、市区町村の職員であるにもかかわらず、任用一本化以来、都政合理化の一つとして荒波にさらされている。全国の学校事務職員の将来を暗示するような、暗い未来図が描かれている。

◆まちづくりと一体の学校—地域の目が不断に注がれる—||||

学制が頒布されたわずか 3 年後には小学校が、地域立であった番組小学校や私教育機関であった寺子屋等をベースに、2 万4,000校（児童数192万8,000人）の公設公営学校がつくられた。2019年 5 月現在、初めて 2 万校を割って、1 万9,892校（児童数624万7,867人）である。明治初めを考えると、学校数は 3 倍あってよい。これ以上統廃合する特別な理由はあるのだろうか。地域に抱かれて子どもは育つのであり、学校が地域から離れて成り立つ余地はない。

政府の地方制度調査会は、人口減の中、高齢化がピークを迎える2040年頃に向けて、市町村ごとの行政サービスの一部を近隣自治体による「圏域」単位へ移行することを検討している。これまで学校教育法第 5 条によって自治体は設置者とされてきたが、圏域単位の学校に移行する地域も生まれてくると想定される。子どもの足でも通える地域にある学校は、地域の目が不断に注がれる学校でもある。それは教育行政から選ばれた誰かしかではなく、誰でもが日常的に参画できる近さである。自治体を超え「圏域」の学校へ、スクールバスなどの交通手段を使って片道 1 時間もかかって通う学校に、地域の多数の目は届かない。そのような状況では、教育内容だけではなく学校、

通学での安全確保も不安が残る。

　地域に学校を残す算段はないのか。学校も、これまでのように子どもという一過性の存在への、国家が定めた教育課程に沿った内容を実現する学習・教育機関ではなく、地域ニーズを汲み取った、例えば高齢者施設などと共存する多機能・複合的な地域公共空間として存続すれば可能性が広がる。現代によみがえる地域立学校としての「番組小学校」である。

　そこでは、教員は地域に根ざした子どもの教育に情熱を傾けることに専念し、大綱化した教育課程を自主的に実現するために教材研究など事前の準備から事後の子どもへのケアまでハイテク技術に依存せず「授業が勝負」を堪能する。義務教育段階の学校教育は、現世代が次世代に向けて普通の生活に必須な基礎的、普遍的な要素を、組織的・計画的に行うものである。したがって、本来保守的なものであり、限界を自覚し十分に自制的である必要がある。最先端の技術や発想の実験場にしてはならない。新奇な技術や発想に飛びついて地域住民を困らせてきたのは、明治以来の学校教育の悪弊でもある。

　学校が地域共同の事業として広く理解され、地域独自のカリキュラムなど地域の維持・発展と相互関係が生まれることが重要である。地域独自の社会的維持・発展と公教育は不可分である。複合化機能をもつ学校の政策立案能力が問われている。子どもの願い、地域の願い、保護者の願い、といっても地域間、地域内の階級・階層格差によって願いの内容は相違する。公選制の機関によって民意を調整し、総意形成を行うことが強く求められる。肝要なことは、人間の子どもたちが人間教員と一緒に将来の地域を考える力を養えるリアルな場—学校の存在である。

　複合的な学校運営は、公選制の学校の委員会が決定した方針に基づいて、教育委員会事務局と一体化した学校事務職員が事務局（事務室）を担うことになる。ただし間接民主主義は万能ではない。適宜、直接民主主義的な手段が組み込まれている必要がある。そのために誰でもが不断に参画できる生活圏に、学校が目の前に存在している必要がある。まちづくり参画は、コミュニティ・スクールへの関わりなどで注目されている。ただ、学校事務職員が関わるにあたって、学校へのボランティア対応窓口だけでは端緒を切ったに

すぎない。地域の実情を肌身に感じた、学校財政の担い手としての力量を発揮することが伴わなければならない。そこには財源が必要であり、学校行財政の専門職員としての学校事務職員の活動域が広がる。

◆普遍主義の教育福祉 ||||||||||||||||||||||||||||||||||||||||||||||

　改正子どもの貧困対策法が、2019年 6 月 2 日に成立した。教育福祉の重要性は高まる一方である。新自由主義は、自己責任論を掲げ、保護者世帯の貧富の差によって子どもたちの学びや将来に影響することを当然視する。教育格差は「やむをえない」と、 6 割を超えた保護者が回答する時代である[12]。

　格差肯定の中で実施される要保護、準要保護認定など所得等の基準を設けて行う選別主義の教育福祉は、劣等処遇が原則であるために、貧困状態から抜け出せない仕組みである。例えば、子どもがアルバイトをすると、要保護の給付額がその分減額されるなどの苛酷な措置が行われる。

　保護者も含めた貧困対策のモデルケースとなるのは、すでに述べたように、イギリスの労働党政権時代に始められたエクステンディッド・スクールである。

　教材教具費、学校給食費、通学費が無償化されれば、就学援助制度は必要がなくなる。優先すべきことは、公教育の無償化の実体化であり、その過程における緊急避難的な措置として就学援助制度の効用が挙げられる。コロナショックで増大する就学援助制度の改善は足元からいくらでもできる。ただ、単独の学校だけではできないこともたくさんある。教育委員会を越えて福祉部局との協議や連携を積極的に求めるアプローチが大切になっている。2005年以前は世帯状況を知り得る民生委員・児童委員が認定過程に加わることが多かった。現在では、学校にスクールソーシャルワーカーも徐々に配置されてきている。しかし、教材教具にも精通している学校事務職員が、実務に携わる中で改善を行う意義は大きいと思われる。

　申請主義の欠陥を埋めるため、職権による認定を行う場合、校長に認定権が委任されていれば、教育委員会と相談しつつ、迅速な認定が行える。京都市では教育委員会の認定を校長に委任している。申請主義をとりながら申請率を上げ、また職権による認定でそれを補完するには、保護者への周知が必

須である。しかし、教職員向け説明会の実施さえ７％台という低率が続いている[13]。これでは教員は担任した児童生徒が貧困状態であることを知っても、その対応策について無知であるということになる。認定方策の改善が急がれる。

　申請に関してほとんどの自治体が、発生後から申請までの期間を限っているが、教育福祉の視点からすれば、横浜市のように申請時期にかかわらず発生時にさかのぼって認定・給付する制度設計が望まれる。

◆教育の無償化に向けた学校財政 ||||||||||||||||||||||||||||||||

　学校に配当されている学校予算は、東京23区の一部自治体を除いて日本では微々たるものである。その総額も削減されつつある。まったく学校配当予算がなく、教育委員会事務局で一括して処理している小規模自治体も少なくはない。これまでは補助教材などの費用を保護者から税外徴収して補完してきた。それが学校の「常識」だった。もちろん学校運営費標準をつくって公私区分を明らかにし、私費負担の削減をしてきた実績も東京都などにはあった。また、学校内でワークドリル類の使用実績を調査し、集金額の削減に取り組んできた地域もある。しかし、経済成長が止まり、国・自治体の財政が悪化すると、配当が削減された分は再び保護者に転嫁するしかなかった。予算の範囲内で公共事業（教育）をしろという世間の常識は、学校には通用せず、別の「常識」がまかり通ってきた。

　考え方を変える必要がある。補助教材費、学校給食費、修学旅行費は「広義の授業料」なのである。そして、制服、体操着、カバンなどの持ち物類も学校が指定していれば、やはり「広義の授業料」とみなせる。またPTAなどを介して学校振興費などの名目の実質は、強制的な寄付で「広義の授業料」である。授業を受けるために必要なお金という原義に返れば、このように理解することができる。

　憲法第26条は義務教育の無償を掲げている。教育基本法第５条ではその内容は授業料に狭められてきた。改めて、教育基本法の授業料の解釈を「広義の授業料」として、自治体から始まる教育費の無償化を求めていく刻である[14]。その第一歩が、学校徴収金の公会計化を行い、議会の議を経る財政民

主主義を実現し、校長、教員をはじめとする教育行政の恣意的な徴収を禁止することである。

　戦後間もなくの、1947年「学習指導要領一般編（試案）」のように学習指導要領を大綱化し、強制力を伴う行政命令的な現状を改めることなしには、地方分権に立った公教育は実現できない。カリキュラムとそれを実施するための財源、財政執行を合わせて、地域ごとに一体的に検討する仕組みをつくる作業も必要である。

　リアル学校を運営するためには、主たる教材である教科書などの教材教具だけではなく、学校施設、学校職員という要素が必要であり、多大な教育費がかかっている。自治体にとって戦後から高度経済成長期に次々と建てた公共施設の老朽化対策は死活問題となっている。政令指定都市さいたま市の公共施設の50％以上が教育関連施設である。

　特に、過疎化して利用人数も減少する地域では、老朽化が進む学校施設のあり方については緊急的な対策が求められている。老朽化問題を糸口に、校舎の複合化、減築などの具体的なプランをもって、学校事務職員がまちづくりと一体の学校のあり方を提示することも可能である。

　現場からつくり出す対策を講じなければ、学校統廃合と遠隔（オンライン）教育の組み合わせによって、公教育からの自治体の撤退を許すことになる。地域は子どもを育てることをやめてよいのだろうか。義務制の公立学校は、地域に生きる当たり前の人々のためにある。学校運営は、自治体の公費が投入されている。公費投入効果の数値的な積算以上に詳しく実態的に費用対効果を図れるのは学校に定着している学校職員、特に運営に関わる学校事務職員などの専門職員である。

1）手島純一編著『通信制高校のすべて』彩流社、2018年
2）戸張治「高等学校授業料無償化の変遷と所得制限の導入」『日本教育事務学会年報』第 2 号、2015年
3）「Ｎ高、教員の 1 割を『リモートワーク雇用』に―シングルマザーに新たな働き口を」『CNET Japan』2019年 2 月 4 日
4）読売新聞「公立高、10年後130校減…都市圏でも統廃合」2018年 1 月 4 日
5）読売新聞「全国公立高 4 割が定員割れ、工業・農業系目立つ」2018年11月 4 日
6）ダイアン・ラビッチ『アメリカ　間違いがまかり通っている時代』東信社、2015年

7 ）FNN PRIME「茨城県が業務を"ロボット代行"実験で労働時間86%減！導入したら職員の仕事はどうなる？」2018年11月1日

8 ）秋田剛「働き方改革とロボット導入」『学校事務』2019年 1 月号

9 ）川前あゆみ、玉井康之、二宮信一編著『豊かな心を育むへき地・小規模校教育─少子化時代の学校の可能性』学事出版、2019年

10）中村文夫「学校の『守り人』」『学校事務』2015年 3 月号

11）中村文夫「陽だまりの事務室」『学校事務』2015年 1 月号

12）中村文夫「教育格差は『やむをえない』のか」『学校事務』2018年 8 月号

13）文科省「就学援助実施状況等調査状況等結果」2017年12月

14）中村文夫『子どもの貧困と教育の無償化』明石書店、2017年

参考文献

第2章

江上芳郎「『学制』施行期における地方教育行政制度とその実態と跛行」『東北大学教育学部研究年報』第6集、1958年

加藤精三「學務委員の本質について」『自治研究』第7巻10号、第一法規、1931年

加藤精三『市町村立小學校教育費問題精義』南光社、1932年

河田敦子「市制町村制の成立過程における教育事務の国家化―学務委員規定に関する条項の消滅過程―」『日本の教育史学』第47集、2004年

河田敦子「教育欲求をめぐる国家と地域の関係史―学務委員廃止後に設置された学事にかかわる委員」『人間発達研究』第28号、2005年

神田修「『明治憲法』下の教育行政機構の形成と意識について」『立正大学人文科学研究所年報』第7号、1969年

窪田祥宏「町村制と教育―埼玉県を中心として―」『教育学研究』第5号、1971年3月

杉田由香里「三新法制定後の専務学区取締設置に関する一考察―三重県を中心として」『日本の教育史学』51巻、2008年

田嶋一「『『自由教育令』下における学務委員制度と教育の自由・自治」『自由民権教育運動と教育』草土文化、1984年

谷雅泰「教育令（明治12年）期の学務委員に関する研究」『東京大学教育学部紀要』第28巻、1988年

谷雅泰「教育令（改正）下の学務委員選任に関する一考察」『東京大学教育学部紀要』第30巻、1990年

谷雅泰「学務委員薦挙規定の比較検討」『福島大学人間発達文化学論集』第9号、2009年

千葉正士『学区制度の研究』勁草書房、1962年

仲新『明治初期の教育政策と地方への定着』講談社、1957年

平井喜美代「郡役所廃止に伴う地方教育行政様式の転換と学校経営―『自由教育令』解体期の千葉県を事例として―」『教育学研究』第65集第3号、1998年

水野節夫「学校世話係の研究―『自由教育令』期および『改正教育令』期の小学校の管理・運営の実態について」『中京大学教養論叢』第30巻第3号、1900年

門田見昌明・金子照基「『学制』下地方教育行財政制度成立過程に関する一考察」『九州大学教育学部紀要』第5集、1958年

第3章

大橋基博・佐々木享「学校教育法案の形成過程」『教育学研究』第50巻第4号、1983年

大田堯『戦後日本教育史』岩波書店、1976年

亀谷彰一「事務教諭運動とはなんであったか1」『学校事務』1975年4月号

北神正行「学校管理職の資格要件と養成プログラムの開発に関する研究（1）」『岡山大学教育学部研究紀要』第122号、2003年

佐々木享「学校教育法の成立過程Ⅰ」『専修大学社会科学研究所月報』No.207、1980年

佐々木享「学校教育法の成立過程Ⅱ」『専修大学社会科学研究所月報』No.208、1980年

鈴木勲『逐条　学校教育法』学陽書房、1980年

竹内久隆「学校教育法における小学校規定の立法過程に関する考察」『教育学雑誌』34、2000年

田中耕太郎『教育基本法の理論』有斐閣、1961年

内藤誉三郎『学校教育法解説』ひかり出版社、1947年

仲新『教育学叢書1　日本現代教育史』第一法規、1969年

中島太郎『戦後日本教育制度成立史』岩崎学術出版社、1970年

古野博明「戦後教育行政制度改革と教育自治」『北海道大学教育学部紀要』23、1974年

古野博明「戦後教育立法と教育行政の事務配分」『北海道大学教育学部紀要』26、1976年

三輪定宣『コンメンタール教育法Ⅴ　教育職員免許法、国立及び公立の義務教育諸学校等の教育職
　　員の給与等に関する特別措置法』成文堂、1978年

安井克彦「教育長職の成立過程における一考察」『名古屋学芸大学教養・学際編・研究紀要』第8号、
　　2012年

第4章

市川昭午「教育活動と学校事務の本質」『学校事務』1971年4月号

市川昭午「明るい未来があるとすれば」『学校事務』1986年1月号

市川昭午「教育事務研究の対象と課題」『日本教育事務学会年報』第1号、2014年

市川直人「どのような幻想で生きるかということ」『学校事務』1982年6月号

海老原治善「教育としての学校事務労働の発展のために」『学校事務』1982年6月号

岡村達雄「学校事務労働試論」『学校事務』1973年3月号ほか（3回連載）

小川正人「地方教育行政改革と教育委員会の新しい役割」『都市問題』1999年5月号

学校事務労働者編集委員会『学校事務労働者』現代書館、1977年

現代学校事務研究所編『ドキュメント　学校事務職員の給与費等の国庫負担問題の10年』学事出版
　　（中村文夫も執筆）、1993年

教育行財政研究会編『現代学校事務論』誠文堂新光社、1966年

清原正義『学校事務職員制度の研究』学事出版、1997年

清原正義『学校事務論の創造と展開』学事出版、2005年

黒崎勲「市民参加による教育システム─地域と教育の再結合」『都市問題』1999年5月号

自治労自治研地域教育政策作業委員会「教育を地域に取り戻すための15の提言」1998年

新藤宗幸『教育委員会』岩波書店、2013年

全日本自治団体労働組合「自治労の地域教育改革　16の提言」2009年

田口康明「『地方分権』の視点で、地方教育行政を豊かなものに！」『月刊自治研』2009年11月号

武波謙三「学校事務共同実施の批判的考察」『公教育計画研究』第2号、2011年

中村文夫『学校財政』学事出版、2013年

中村文夫『子どもの貧困と公教育』明石書店、2016年

中村文夫『子どもの貧困と教育の無償化』明石書店、2017年

広瀬義徳「格差拡大と公教育の課題」『月刊自治研』2009年11月号

持田栄一「学校事務とは何か─『教育としての学校事務』論の再構築」『岐路にたつ学校事務』学
　　事出版、1974年

山口伸枝「第9章　公教育に期待する福祉的役割」『公教育改革への提言』八月書館、2011年

第5章

礒田勝「教育は、学校は、はたして変われるか」『分権改革と教育改革』ぎょうせい、2000年

市川昭午「大阪維新の会『教育基本法条例案』何が問題か？」教育開発研究所、2012年

市川昭午「教育事務研究の対象と課題」『日本教育事務学会年報』第1号、2014年

佐藤晴雄「『コミュニティ・スクール』は誰のもの（上）」『学校事務』2012年8月号

中村文夫「政令市費教職員制度の創設─政令市への給与費等の移譲と大都市の教育政策の可能性」
　　『日本教育事務学会年報』第1号、2014年

中村文夫「第6章　学校職員の非正規化と外部化」『子どもの貧困と公教育』明石書店、2016年
中村文夫「多様な職種で成り立つ学校現場」『都市問題』2019年6月号
中村文夫「学校の変容と学校事務4領域」『日本教育事務学会年報』第6号、2019年
樋口修資他編著『支援スタッフで学校は変わるのか』アドバンテージサーバー、2018年
日渡円『教育分権のすすめ』学事出版、2008年
元井一郎「第8章　地域づくりと公教育」『公教育の市場化・産業化を超えて』八月書館、2006年
山口伸枝「公教育に期待する福祉的役割」『公教育改革への提言』八月書館、2011年
山城直美「市町村合併による人口減少と流出・学校統廃合の加速化」『学校事務』2017年4月号

第6章

秋田剛「働き方改革とロボット導入」『学校事務』2019年1月号
ダイアン・ラビッチ『アメリカ　間違いがまかり通っている時代』東信社、2015年
手島純一編著『通信制高校のすべて』彩流社、2018年
戸張治「高等学校授業料無償化の変遷と所得制限の導入」『日本教育事務学会年報』第2号、2015年
中村文夫「学校の「守り人」」『学校事務』2015年3月号
柳田國男「郷土生活の中にある学校」『明日の学校』1948年6月号（『柳田國男教育論集』新泉社、1983年）

▐▌ あ と が き

　本書の執筆のきっかけは、2018年9月11日に脳梗塞を発症し入院したことである。リハビリの中で、38年間生活の糧を稼がせていただいた学校事務職員の世界を振り返ったときに、その歴史についてのまとまった記述がないことに気がついた。自分の職業生活はなにものであったのか。21世紀直前に出された清原正義の『学校事務職員制度の研究』（学事出版）は、学校事務職員制度を扱った優れた先行研究であり、参考にさせていただいたことも多い。その中でも触れられているが、学校事務論で目を引くのは、市川昭午である。本書の展開のいくつかのポイントで引用させていただいている。21世紀になり学校事務職員を取り巻く環境は激変している。足元をすくわれないためには、過去、現在、未来を貫く学校事務職員への観点を定め、地域の実情に沿ったデータを示しながら将来を展望する必要があると考えた。だが、エビデンス以上に思想が大切なことは言うまでもない。

　本書の特徴は、戦前から、つまり近代公教育制度の始まりから学校事務職員の歴史をたどり、後期近代でのあり方を模索したことである。その中で、地方自治としての公教育、教育機会の平等、公教育の無償、職種間の尊重に基づく協働などを、理念にとどめずに後期近代に対応して実体化するすべを問うことに終始し、実体化に学校事務職員の役割を見いだそうと試みたことである。

＊

　第2期学校事務職員の存在形態は、このまま続くのであろうか。第1期では、地方自治に基づく教育が中央集権化され、教育行政の独自性も失われていくことで、徐々に消滅したように、第2期も消滅の危機にあるのかもしれない。あるいは、今ある教育事務への変化は、存続を前提とした変容であるかもしれない。第3期の学校事務職員があるとすれば、教育行財政制度が新展開するときであろう。

　今後は、教育機会の平等という近代公教育の理念の後期近代に適応した継承と実体化、そして学校の存続のために学校事務職員がどのくらい寄与でき

るかにかかっていると思える。

　学校事務職員の存在の特性は、日本の学校教育が地域との濃密な関係をもつ特別な構造に基づいている。国家と個人に加えて地域という三要素から日本近代の教育行政の歴史をみてきた。過去、現在とも常に地域の中にある学校の意義は、教育機会の平等を具現化することにある。具現化のあり方は、地域や時代の要請に応じて違ってきた。その柔軟さも含めて、持ち味・良さ（付加価値）を引き出すことによって、学校事務職員の存在価値を高める方策を提示することで、職の将来展望をみてきた。学校事務職員についてのさまざまな考え方があることは当然であるが、「教育理論」への言及は最小限にし、実態、データから事実を引き出し、歴史をして自らを語らしめようとしてきた。あるのは歴史への視点である。３つの危機を語った。危機の１つは、人口減少である。学校が地域の中にある以上、地域の興亡に影響される。地域の人口、特に子どもの数によって大枠が規定される。危機の２つは、教育機会の多様化、である。多様化の承認は、人々を細分し分裂化の承認でもある。「個別最適化された学習」への幻想は、地域の学校の消滅に積極的な賛意を含む。危機の３つは、公設民営、教育バウチャーなどの公教育の市場化・民営化である。すでに学校は、「チーム学校」や「学校・教師の働き方／働かせ方改革」によって、学校職員の非正規化、民間委託化という形で白蟻のように虫喰われている。そのことによって成り立つピラミッド体制であるが、それは丸ごと民営化、公私立学校の市場化、つまり利益追求も含めた競争的教育制度を呼び込むものである。

　地域に存在する学校の運営と教育委員会（事務局）のあり方とは別のものではない、と繰り返し主張してきた。地域教育行政という共通項から、民意を調整するシステムが起動する道筋の中で、存在意義を高める努力の意義を明らかにしようとしてきた。民意は公選制の意思決定機関によってしか正統性は担保されない。学校を含めた地方行政組織は、その調整された自治的な意思を尊重するための行政機関であり、教育委員会事務局職員、学校事務職員はもとより、教員もその中で業務を遂行する存在以外の何ものでもない。もちろん、民意の表し方は選挙制度ばかりではない。直接的な意思表示も重要である。組み合わせは必要だが、選挙制度を欠いては、民意の発揮は困難

である。

　歴史的な検証でみえた、学校事務職員ができる付加価値の付与は２つ。１つに、子どもには心身の状況、資質・能力、そして生活する環境、貧富の差がある現実を踏まえて、教育機会の平等を具体化することである。「理念から現実へ」と導くことである。２つに、自らの居場所として定めた学校を、包括的地方公共施設へと機能を複合化させていくこと。付加価値を与えるために何をすればよいのか。４領域に分けて学校事務の再構築を図ることである。「21世紀型学校事務領域」は、総務事務縮小、まちづくりと一体の学校、普遍主義の教育福祉、教育無償に向けた学校財政、である。

　危機を乗り越えるのは、義務制だけで３万人、高校合わせて５万人余の学校事務職員の自らの選択にかかっている。新自由主義的な教育政策を肯んじない道は険しいものになるであろう。茨の道は、野ばらの道であるともいえよう。花咲く季節もやがて到来する。

＊

　樋口修資のもとで修士論文をまとめる過程で、戦前戦後の学校財政について学んだことは、学校事務職員の歴史を書くのに大変役立った。その成果である『学校財政』は2013年に学事出版から出版していただいている。

　戦後に学校教育法に登場した経緯を含めて、戦前戦後の学校事務職員の様相への叙述は、嶺井正也に教わりながら「学校事務国際比較研究会」という小さな研究会で勉強した成果である。学校事務に関する資料としては、学事出版のご厚意で『学校事務』のバックナンバーを活用させていただいたことが大きい。1950年創刊の『学校事務』は、学校事務職員だけではなく戦後教育行財政を研究する場合の、貴重なアーカイブである。この他にも全国の学校事務職員から資料やアドバイスをいただいた。公教育計画学会教育行財政部会の仲間には資料の吟味から年表、記述の点検、図表の作成まで多大な支援をいただいた。特に武波謙三（教育行財政研究所研究委員）には、資料の提供から記述内容まで、いつものように特段の協力を得ている。

　また、これまでの『学校事務』や『月刊プリンシパル』の連載は、表現のあり様の修練となった。連載で蓄積した作文も適宜利用させていただいた。『都市問題』2019年６月号に掲載した「多様な職種で成り立つ学校現場」に

ついては自分としても気に入った文章であるので、学校の働き方改革に言及する箇所に学校事務職員に特化した形で活用させていただいている。活用について、『都市問題』の編集者の理解にお礼を申し上げる。

　2019年の当初に、学事出版の花岡萬之副社長、木村拓『学校事務』編集長に企画を提案したところ、快く引き受けていただき、病後の恢復とともにいくつもの幸運も重なって執筆を終えることができた。感謝の念でいっぱいである。

新型コロナウイルス感染蔓延下のさいたま市で

2020年５月　　中村文夫

著者紹介

中村文夫（なかむら・ふみお）
1951年、埼玉県生まれ。立教大学法学部卒、明星大学通信制大学院（修士）修了
現在　教育行財政研究所主宰
専門　学校事務論、教育行財政学、教育施設環境論ほか

主な著作
『教育コンピュータ工場』共著　現代書館　1981年
『子供部屋の孤独』単著　学陽書房　1989年
『ドキュメント学校事務の給与費等の国庫負担問題の10年』共著　学事出版
1993年
『公教育における包摂と排除』共著　八月書館　2008年
『現代学校建築集成』共著　学事出版　2008年
『公教育改革への提言』編著　八月書館　2011年
『学校環境整備と就学援助』共著　学事出版　2011年
『学校財政』単著　学事出版　2013年
『市場化する学校』編著　八月書館　2014年
『子どもの貧困と公教育』単著　明石書店　2016年
『公教育の市場化・産業化を超えて』共著　八月書館　2016年
『子どもの貧困と教育の無償化』単著　明石書店　2017年

主な論文
「学校事務の共同実施・事務センターの中二階論（上）（下）」『学校事務』10・11
月号　2007年
「任意設置教育委員会の教育行財政（埼玉県桶川市町の事例から）」『公教育計画研
究』5号　2014年
「公教育のすべてを無償に」『世界』2月号　2017年
「教育費の重圧から国民を解放する」『現代思想』4月号　2017年
「多様な職種で成り立つ学校現場」『都市問題』6月号　2019年
「学校の変容と学校事務4領域」『日本教育事務学会年報』第6号　2019年
「ICT教育は教育スタンダードになるか？」『世界』5月号　2020年

学校事務クロニクル
事務職員の過去・現在・未来

2020年7月1日　第1版第1刷発行

著　者　　中村文夫

発行者　　花岡萬之

発行所　　学事出版株式会社
　　　　　〒101-0021 東京都千代田区外神田 2-2-3
　　　　　電話 03-3255-5471
　　　　　http://www.gakuji.co.jp

編集担当　　木村　拓
編集協力　　古川顯一
装　丁　　　精文堂印刷株式会社／三浦正已
印刷・製本　精文堂印刷株式会社

ISBN978-4-7619-2638-0　C3037